和猫のあしあと

東京の猫伝説をたどる

和猫研究所
岩崎永治

緑書房

はじめに

「かわいいだけじゃない猫」を伝えたい

　猫はかわいい。とてもかわいい。しぐさや挙動など、いちいち人の目を引きつける。揃えられた前足など何時間でも見ていられる。いや、猫のおなかに顔をうずめたくなるからそれは無理だ。

　けれど、猫がかわいいのは見ればわかる。「かわいい〜」と心ときめくのは、世界共通であろう事実を確認しているだけで、私が猫を見て悶えている姿を自分で想像すると、正直気味が悪い。ひとりの猫好きな専門家として、猫の「かわいさ」という言の葉をめくり、その陰にひそんでいたものに陽の光を当ててあげるような社会貢献をする。それが私の猫博士としての仕事であると思っている。

　ただ、「猫は怖いから嫌い」という人もいるのは、猫の特殊性のためであろう。もともと犬と人は社会性の高い動物で、犬同士、個人同士でコミュニケーションを密にとってきた。人の祖先同様、犬や狼がそれぞれ役割をなし、群れで狩りをするというのは有名な話である。それゆえに人も犬の社会性行動を理解しやすい。しかし、猫には社会性がないわけではないが、犬や人ほど猫同士の結びつきは強くない。野良猫でも、餌が豊富であれば血縁を基礎にしたコロニーを形成するが、集団で何かをするということはない。

さらに、犬や人は雑食動物であるが、猫は真正の肉食動物で、体の構造から違う。油を効率的に消化してエネルギーにするものの、ごはんなど炭水化物は苦手。行燈（あんどん）に照らされ、夜な夜な鯨油をなめる奇特な姿に畏怖を集めてきた。そのような特殊性からも、猫に慣れない人にとっては行動を推測しにくく、理解しがたい獣として畏れられた。そうした伝承が古文書にあしあとを残してきたのだろう。ここに、和猫が歩んできた歴史を紐解く鍵があるようだ。

猫の伝承は、人が何とか猫を理解しようと努力を重ねてきた歴史である。人はわからない、理解しえないものに不安を感じる。そこに人知を超越した力を見出し、妖しさを覚えながらも神秘性や畏敬の念を抱く。昔の人々も、猫の理解しえぬ行動に納得するため、猫は化けるものだと言い聞かせ、招くしぐさに意味を探し、しゃべる猫の中に人間性を求め、人知を超えた動きに踊る姿を重ね、人の傍らを離れない小さな動物に対する理解に努めてきたように感じる。猫が役に立ってくれることをひとたび知ると、人々はこぞって猫を求め、猫に神格を与え、その霊力にあやかるために、猫神様として奉るようになった。

調べ始めると、猫伝承の数は東京だけでも三十カ所以上になった。その他の県も地図アプリにプロットしていくと、あっという間に日本地図が埋まってしまう。これほど猫の史跡がある国は、日本をおいてほかにあるまい。八百万（やおよろず）の神様を擁する国民のなせる業であろう。それほど日本人と猫の距離は近かった。

ところで、私の動物観を育てた大学時代を紹介したい。私が通っていた日本獣医生命科学大学の動物科学科はとても変わったところで、同級生それぞれが特別な思いを寄せる動物を一つ持っている。犬や牛、馬はもちろんのこと、イルカや狸などの野生動物、中にはハクビシンを愛してやまない人もおり、動物好きにはたまらない環境だ。部活動も犬部（ケネルクラブ）、馬部など動物にまみれたものが多く、私も野生生物研究会に所属していた。この学科では畜産を中心に、伴侶動物、動物園動物、野生動物など、あらゆる動物の基礎を学ぶことができるため、将来、動物にかかわる仕事に就きたい学生にはぜひおすすめしたい。こうして、生来の猫好きだった私は、学科で動物の基礎を学び、大学院で猫の専門性を高め、部活動で野生動物を学ぶなど、幅広く動物観を培ってきた。

猫の史跡を訪ねるたび、新しい発見や猫とのつながりを知ることができ、胸が躍る。「今、私だけが知っている」という優越感にも浸ることができる。しかし、「私だけで完結するのはもったいない」といつしか思うようになった。私だけが知っていても、いずれ歴史にうずもれてしまう。伝承の中で暮らす歴史の迷い猫を救うには、形に残す以外の術はない。その猫が人の元へと帰れるよう猫返し神社にお参りし、筆を執った。

本書では東京に残る猫伝承と、実際に訪ねられる伝承地を紹介する。旅行やちょっとしたお出かけ先の目的地の一つにできるよう、周辺の観光名所の情報も記載している。ぜひご自身の足で「和猫のあしあと」をたどり、生で感じてほしい。その伝承の猫は、あなたの愛猫のご先祖様かもしれないのだから。

目次

はじめに……002

第1章 墨田区・台東区

回向院　報恩猫は鼠小僧の隣でにらみを利かす……010
法恩寺　草子を残した化け猫女……016
今戸神社　最古の招き猫は今戸焼……020
永久寺　竹島に山猫はいる?……029
天王寺　人喰らいの化け猫……036

第2章 文京区・豊島区

簸川神社　父子の懸け橋となった猫……042
猫貍橋・猫貍坂　消えゆく和猫のあしあと……047
西方寺　薄雲の猫は招き猫?……051

第3章 新宿区

自性院　二つの猫地蔵尊……062
漱石公園　夏目家の猫塚は「吾輩」の墓？……069
ねこや　三味線と亀五郎の看板猫……073

第4章 中野区・練馬区

源通寺　歌舞伎作家の猫は鼠と仲良し……080
サンツ中村橋商店街　街を救う現代の猫物語……084

第5章 港区・中央区

美喜井稲荷神社　うちの猫様、猫神様……090
大信寺　駒のつなぐ猫と音……095
増上寺　仏にすがるしゃべる猫……099
有馬家上屋敷跡　与太話から化け猫騒動……102
三光稲荷神社　お尋ね者と尋ね猫……115

第6章 品川区・大田区

徳蔵寺　狐を産んだ猫……122
自性院　大銀杏で踊る猫……127
宝幢院　棺の包丁は猫除け……131

第7章 世田谷区

豪徳寺　白猫に招かれて……140

第8章 府中市・立川市・八王子市

浅間山　姿なき猫の声……150
蚕影神社　猫への祈りは産業から傍らへ……155
喜福寺　熱い粥と猫の歌……160
森屋の池　置いてけぼりの猫……166

第9章 青梅市

巌の琴平神社　山から見守る産土の招き猫……170
常保寺　どんつく様の猫地蔵……174
住吉神社　猫まみれ町の猫神様……181

わねこらむ

①リアル猫娘まつ……077
②大黒坂の猫又……135
③臼杵権現の養蚕の神様……186

おわりに……188
参考文献……197

第1章

墨田区・台東区

回向院
法恩寺
今戸神社
永久寺
天王寺

回向院（えこういん）（浄土宗）

報恩猫は鼠小僧の隣でにらみを利かす

恩返し　猫塚・猫石　御朱印

回向院では生あるすべてのものへ仏の慈悲を説くという理念を掲げ、その門戸は様々な生き物に広げられている。諸動物の供養は馬頭観世音から始まった。将軍家綱公の愛馬供養のために馬頭堂が建立されたことを皮切りに、今では総合的な動物供養を担う馬頭観音堂をはじめ、義太夫協会の犬猫供養塔、飼鳥獣商協同組合の小鳥供養塔、邦楽器商組合の犬猫供養塔などがみられる。そのなかで、猫にまつわる話を紹介する。

正門

猫塚

もともと頂上に猫像があったが、削られて失われた。これ以上削られないよう、ガラスで囲うようになった。

猫の恩返し

落語家三遊亭圓生のネタの一つに「猫定（ねこさだ）」という演目がある。これは回向院に伝わる猫の恩返し伝承が元になったと言われている。その由来がいくつかの文献に残されていた。

深川あたりに住んでいた魚屋の利兵衛は両替商の時田喜三郎へ魚を売りに通い、毎度のように利兵衛の斑猫（ぶちねこ）に魚一匹を与えていた。すると、猫は利兵衛が来るたびに魚をねだるようになった。

あるとき、利兵衛は長期にわたって病気を患った。銭がなく難儀していたとき、誰ともなく金二両が家に置かれていた。

その後、利兵衛は無事回復したが、手元には商売をするほどお金がない。元手を借りようと時田のもとへ向かったが、いつものように猫が出迎えなかった。時田へ猫の様子を聞くと、「打ち殺して捨てた」という。理由を問うと、猫が金をくわえて逃げ出すことが二度もあったそうだ。二回とも未遂に終わったが、以前に金二両が無くなったことがある。それもこの猫の仕業に違いないと、家族全員で取り囲んで打ち殺したそうだ。利兵衛は不思議にも金二両が自分の手元にあることを涙ながらに明かした。その包紙を見せると、時田の手跡であった。猫がお金をくわえて逃げたのも、日頃の魚の報恩として、魚屋の元手に与えようとした猫の志であったのだ。知らなかったとはいえ、不憫なことをしたと、時田は猫の志を継ぎ、猫から取り返したお金を利兵衛に与えた。利兵衛は猫の死骸を譲り受け、「徳善畜男」という法名のもと回向院に葬った。文化十三年（一八一六年）三月十一日のことであった。猫は恩を感じないと例えられるが、珍しい猫もいたものだと皆感心したという。

現在、この墓は歴史を物語る猫塚として、鼠小僧墓の左側に建てられている。

鼠小僧墓と猫塚

猫と鼠の掛け合いか、それとも悪さを見張るためか、鼠小僧墓は猫塚の隣。鼠小僧墓の前の石は削って持ち帰ることができる。金運のご利益があるとされる。

金猫・銀猫、そして猫老女

猫は遊女との結びつきも強かった。天明年間（一七八一～一七八九年）の頃、回向院前の私娼を金猫・銀猫と呼んでいたそうだ。のちに回向院前に、それぞれ金色、銀色の延喜招きを置いた二件の「金猫」「銀猫」

義太夫協会による糸塚

肉食動物である猫の皮膚はほかの動物よりも強く、音に張りが出る。そのため、三味線に好んで使用された。

馬頭観音堂

邦楽器商協同組合による犬猫供養塔

という遊女屋が繁盛した。排風柳多留※1には「回向院ばかりは涅槃に猫も見へ」とある。また、当時の俳書奴師労之※2によれば、料金がそれぞれ金一分、二朱であったという。花柳界で招き猫を飾るようになったのは、この金猫・銀猫から始まったようだ。

その繁盛ぶりを凌ぐほどの噂話が江戸塵拾巻之五※3に残されている。

本所割下水の諏訪源太夫の母は齢七十にして心底猛々しく、猫を深く愛し、常に数十匹を飼っていた。その猫が亡くなると、死体を長持※4に保管していた。猫の命日には肴を調理し、それを長持に入れる。すると翌日にはすべて食い尽くされているのだった。その噂は回向院前の金猫・銀猫

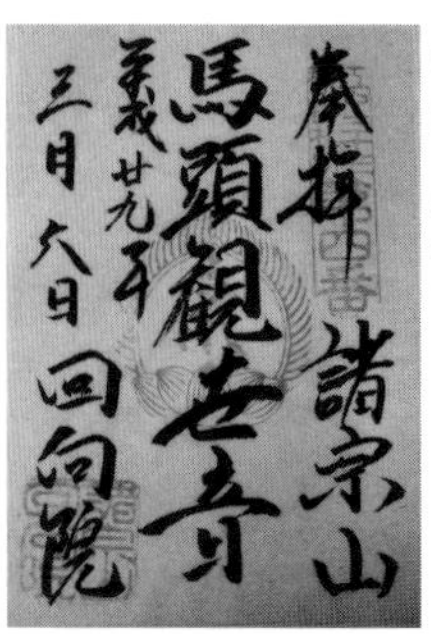

御朱印
動物供養の参拝には馬頭観世音の御朱印が好まれる。生あるすべてのものへ仏の慈悲を説く理念の象徴。

オットセイ供養塔
見世物小屋にいたオットセイを供養したものだという。

を凌ぐほどであり、人々は本所の猫婆と言いあった。

しかし、宝暦十二年（一七六二年）の八月に大嵐に見舞われると、老女と飼い猫はどこともなく消え去った。家の者が不思議に思ってあの長持を開けてみると、猫の死骸は一つもなく、いったいどうしたことかと首をかしげたのだった。

※1 排風柳多留…江戸時代中期から幕末に刊行されていた川柳集。
※2 俳書奴師労之…江戸時代の風俗関係の稀書の一つ。燕石十種第二巻に収録されている。
※3 江戸塵拾…江戸市中の見聞記。
※4 長持…衣服を入れる大きな箱。

寺猫に会うこともできる
人懐っこいけれど、寒さには
耐えかねたご様子。

回向院 概要

明暦3年（1657年)、「振袖火事」という大火が設立の起源。この大火では市街の6割以上が焼失し、10万人以上が焼死した。多くの身元不明者を弔うため、四代将軍・徳川家綱により万人塚が設けられ、念仏堂が建てられて、施餓鬼供養が執り行われた。様々な人を受け入れる精神から、動物も広く受け入れている。将軍家綱公の愛馬を回向院に葬る際、獅子無畏馬頭観世音を安置して供養したことが動物供養の始まりとされている。回向院には鼠小僧次郎吉の墓もある。鼠小僧は139家もの大名や旗本屋敷に盗みを働いた義賊と言われ、盗んだ金額は1万2千両にも及び、天保3年（1832年）に処刑された。その晒し首が信奉者の手により回向院にひっそりと運ばれ、墓（首塚）が建立された。墓は回向院をはじめ、全国7か所で確認されている。賭博を生業としていたことからか、墓石の破片を持っていると金運や病除けなどのご利益が得られるという。現在は墓石前に欠き石が設置され、こちらの破片を持ち帰れるようになっている。

\ここがみどころ！/

猫塚、動物供養塔、馬頭観音、中にはオットセイ（膃肭臍）の供養塔もある！
様々な動物慰霊碑を探してみよう♪

アクセス＆周辺の観光名所

所在地
東京都墨田区両国 2-8-10

アクセス
- JR 両国駅西口より徒歩5分
- 都営大江戸線両国駅A5出口より徒歩10分

周辺の観光名所
- 両国国技館：徒6分
- 東京スカイツリー：電25分
回向院（徒歩）～東日本橋駅（都営浅草線・浅草方面）～押上（スカイツリー前）駅

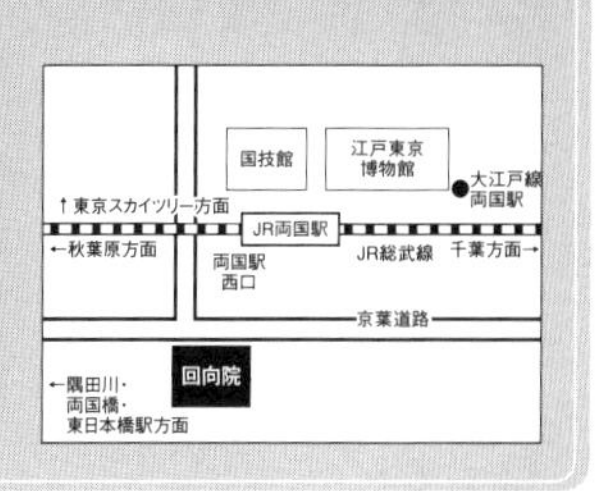

墨田区

法恩寺（ほうおんじ）

（日蓮宗）

化け猫　御朱印

草子を残した化け猫女

法恩寺に伺うと、歴史に興味をもつ勤勉な住職が迎え入れてくれた。寺に言い伝えられてはいないが、古書『新著聞集』は法恩寺の猫話を今に伝える。法恩寺がまだ谷中にあった頃の話だという。

猫化けて女となる

ある旗本の武士は、娘の後見にふさわしい女性を探していたところ、（谷中法恩寺（谷中清水町）の経蔵坊肝煎の紹介で一人の年

本堂
背後にはスカイツリーがそびえたつ。

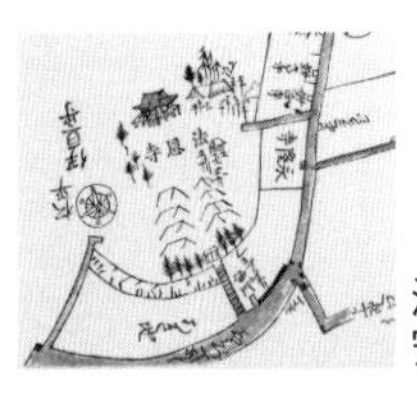
江戸方角
安見図

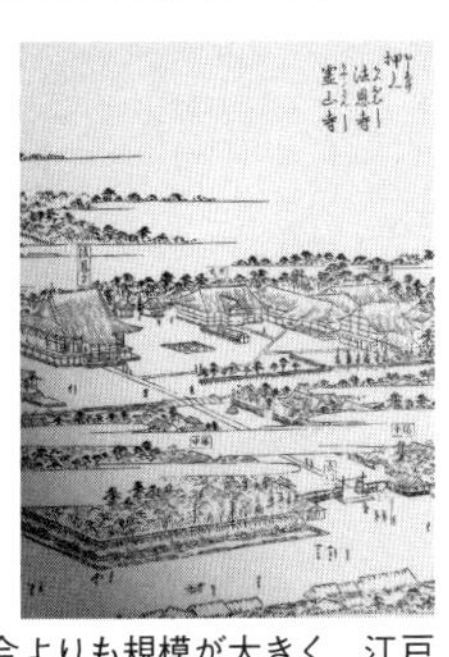
江戸名所
図会

江戸時代は今よりも規模が大きく、江戸
三箇寺の１つとして数えられていた。

太田道灌開基の寺

頃の女性を迎えることになった。その女性は達筆で、詠歌にも心得があった。娘の後見役として申し分ないと、長年仕えさせていた。

ある晩のこと、主人が娘の部屋を覗いてみると、寝ている娘の脇で後見役の女性が鉄漿（おはぐろ）をつけていた。しかし、その口は耳の根まで裂け、恐ろしい形相をしていた。どうしたものかと思案したが、ことを仕損じてはならない。主人は朝を待ち、後見役の女性を呼び出した。

「訳あって、あなたに暇を出すことにした」

主人がそう伝えると、女性は「思いもよらないことです。なぜ今、そのようなこと

御朱印

鬼平犯科帳の舞台

をおっしゃるのですか」と問いただした。その恐ろしい形相に、主人はおもわず抜き打ちで切り伏せた。女の姿は消え失せ、その場所には大きな古猫が倒れていた。その猫が書いた伊勢物語、その他の草子も多く残っているという。

谷中法恩寺は今の都立上野高校のあたりにあった。化け猫女もこのあたりに住んでいたのだろうか？　法恩寺の経蔵坊肝煎と化け猫女はどのような関係だったのか、今となってはわからない。もともと知人であったのか、はたまた化け猫が女性とすり替わったのか、それともまた別の理由なのか。

この化け猫が書いた伊勢物語や草子が残っているというが、法恩寺には伝わってはいない。

妙元廟（永代供養塔）

法恩寺 概要

東京スカイツリーを背景に、よく整えられた本堂や庭を有する。平河村（江戸城平河口周辺）にあった草庵が起源と言われている。長禄元年（1457年）、太田道灌による助成を受け、本住院となった後、大永4年（1524年）に法恩寺となった。幾多の移転を経験し、慶長10年（1605年）に神田柳原、慶安2年（1649年）に谷中清水坂へ移った。江戸方角安見図鑑によれば、谷中（現在の都立上野高校のあたり）にあったようだ。化け猫女の話はこの 40年の間に生じた話のようだ。しかし、法華経を信仰しない者からの布施を受けない「不受不施」による幕府の弾圧を受け、元禄2年（1689年）に現在地へ移転した。太田道灌を開基とし、池波正太郎の時代小説『鬼平犯科帳』にも登場する。

\ここがみどころ！/

整えられた境内にはご住職の細やかな気配りがあらわれている。歴史が好きな住職のお話を聞くのも吉。

アクセス＆周辺の観光名所

所在地

東京都墨田区太平 1-26-16

アクセス

- JR 錦糸町駅北口より徒歩15分
- 都02・錦糸町駅バス停（大塚駅前行き、3分）〜太平一丁目バス停より徒歩4分

周辺の観光名所

- 東京スカイツリー：徒歩 15分、バス 15分
  法恩寺（徒歩）〜太平三丁目バス停（都営バス・上 26・上野公園行き）〜とうきょうスカイツリー駅前バス停
- 亀戸天神社：徒歩 15分、バス 10分
  法恩寺（徒歩）〜太平三丁目バス停（都営バス・草24・東大島駅前行き）〜亀戸天神前バス停

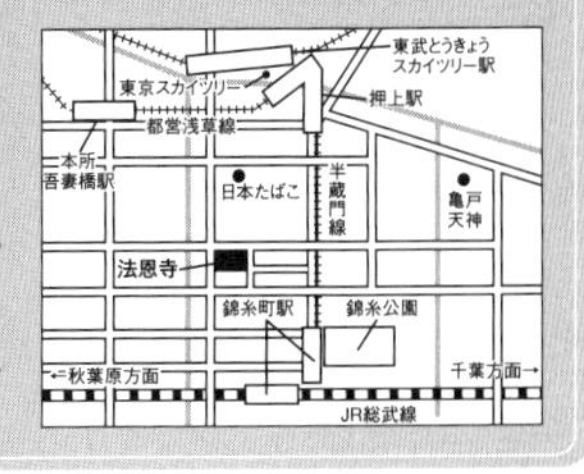

今戸神社（いまどじんじゃ）

（主祭神：伊弉諾尊（いざなぎのみこと）、伊弉冉尊（いざなみのみこと））

最古の招き猫は今戸焼

東京の中でも縁結びのご利益が得られる神社として名高い今戸神社。休日だけでなく、平日も参拝する女性は数多い。拝殿の前には巨大な二体の招き猫が鎮座し、参拝客を見守っている。ここでは御祭神にちなんで、並び猫というオリジナルの招き猫も授与している。

今戸神社が招き猫神社として知られるようになったのは、そう古い話ではない。現在の宮司である市野氏が、地元の特産品であ

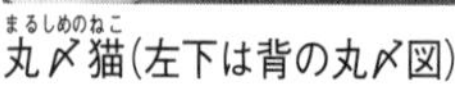

丸〆猫（まるしめのねこ）(左下は背の丸〆図)

拝殿

巨大な並び猫

る「今戸焼」にちなんで始めたという。つまり、よく誤解されがちだが、この神社自体が招き猫発祥の地の一つということではないようだ。

招き猫と今戸焼

境内には「今戸焼発祥之地」と刻まれた石碑がある。この地は江戸時代初期から焼き物が盛んで、江戸の風物詩として浮世絵の題材とされたり、『江戸名所図会』にも紹介されたりした。職人は本業の瓦やその他土器を生産するかたわら、単純な型を使って「一文人形」を作っていた。この一つが招き猫の原型と考えられている「丸〆猫（まるしめのねこ）」である。

丸〆猫

丸で囲まれた〆の字が背に刻まれ、右手を挙げ

招き猫

た姿で作られることが多い。丸〆の意味は様々な解釈がなされている。例えば、円満吉祥、万事うまく収まるといった意味合いがあるようだ。また、丸はお金を意味することもあり、お金や福を独占し、逃がさないように締めるという解釈もできるようだ。今戸の職人たちが瓦や土風呂、火鉢を作るかたわらに作った「一文人形」の一つが丸〆猫だった。現在は台東区今戸の窯元である白井家が昔ながらの技を今に伝える。また、今戸焼研究家の吉田義一氏は本来のように隅田川の土を使って今戸焼の丸〆猫を再現している。吉田氏の丸〆猫は浅草仲見世通りの助六というお店で購入することができる。

丸〆猫が流行した時代はよくわかっており、それゆえに今戸周辺が招き猫発祥地として有力視さ

絵馬かけ
所狭しと恋愛成就の願いが掛けられている。

オリジナル絵馬

並び招き猫
2人でずっと仲良く暮らせそうな気持ちに。

れている。嘉永五年(一八五二年)に執筆された『武江年表』と『藤岡屋日記』には招き猫のルーツが綴られている。また、同年の安藤広重『浄るり町繁華の図』にも丸〆猫の露店が登場する。この三つが現在確認できる最も古い招き猫である。新宿の水野原遺跡、文京区の千駄木遺跡から丸〆猫の素焼きが発見されたことでも、江戸時代末期に丸〆猫が大流行したことがうかがえる。

老婆の夢

『武江年表』には次のような話がある。

嘉永五年、浅草花川戸に住んでいた老婆はたいへん猫をかわいがっていた。しかし、年老いたために生活もままならず、泣く泣く猫に暇を与え、人の家に寄宿することになった。

その夜、その猫が夢枕に立ち、老婆に語りかけた。

「私を型取って祀れば、福徳自在になるでしょう」

目が覚めると、老婆は猫の言葉に従って、猫を祀った。すると、生活手段が得られるようになり、元の家に戻ることができた。この噂を聞いた人は「この猫の像を借りて祀ると良い」と言いふらした。そこで、今戸焼と称する泥塑(でいそ)の猫をたくさん作り、これを貸すようになった。借りた人は布団を作り、お供え物をし、神仏のように崇拝した。心願成就の後、金銀その他とともに猫像を返した。その店は浅草寺三社権現鳥居のそばにあり、大評判であった。女性や子どもだけでなく、立派な男性もひそかにこの猫を借りて祈った。しかし、四、五年で噂も止んでしまった。

丸〆猫の由来

『藤岡屋日記』には「浅草観音猫の由来」として、次のような話がある。

浅草随神門内の三社権現鳥居際に老女が出て、今戸焼の猫を並べて商売していた。これを丸〆猫、招き猫という。これは娼家、茶屋、その他音曲の席など、多くの客を招きよせるといって、これを求めて信心するという。また、頼母子(たのもし)※1、取退無尽(とりのきむじん)※2などで一人占めできると信じられた。また、公事出入(くじでいり)※3、貸借などもこの猫を信じれば勝利する。さらに、難病の者がこの猫を信じれば、足の悪い人が立って親の敵を討ち、盲人の目が開き、脚気等でも昼飯に小田原の初鰹を食べに行けるようになると評判であった。京都へ三日で届ける早飛脚を頼まれ、たくさんの貸銀を丸メしたと噂されている。欲深い世界であるため、我も我もと福を招いて丸メ丸メ。

丸メに客も宝も招き猫
浅草内でこれ矢大臣

井戸に身を投げた猫

『藤岡屋日記』にはもう一つ丸メ猫の由来が紹介されている。

浅草寺地中、梅園院境内
市右衛門店、ひねり人形渡世
藤作
同人妻　琴
浅草寺梅園内の「市右衛門店」でひねり人形を売っていた藤

生猫も並んでおやすみ

作と琴という老夫婦がいた。琴は数年来、白斑猫を大事に飼っていたが、その猫が恩人の飼鳥を殺してしまった。藤作は立腹し、飼い主に詫びを入れる間に猫を捨てるように命じた。しかし、琴にとっては大事にしてきた猫である。惜しく思い、猫へこう伝えた。

「飼鳥を取ったことを慎み、私たちは先方へ詫びを入れてきます。これ以後はおとなしくいてください」

猫も首を垂れて申し訳なさそうにしていた。藤作と琴は先方へ詫び、猫を捨てるように言ったこと、猫が申し訳なさそうにしていたことを伝えた。先方も不憫に思い、畜生のしたことだ、捨てるほどのことではないと許してくれた。琴はたいへん喜んで家へと帰ったが、猫は姿を消していた。琴は気に病み、床に伏せてしまった。

ある日、仲間の人形職人が見舞いに来たとき、猫の話をした。すると、猫の代わりを作ってくれるという。二、三日後、今戸焼の白斑猫を持ってくると、琴はたいへん喜んだ。その猫に布団を三枚敷き、毎日鯡を供えた。七日目の夜、猫は枕元に立ち、こう伝えた。

「これまでご厚恩を受けて参りましたが、恩返しも成さぬまま鳥を取り、申し訳なさから古井戸へ飛び込みました。これからは恩に報い、御身を守りましょう。薬が必要であれば、すぐさま全快させましょう」

今戸焼発祥の地、
沖田総司終焉の地

御朱印
並び猫がかわいい。

その後、近所の者が脚気を患った折、信心すれば治ると、願掛けした。すると、すぐに全快した。これが近所で評判となった。浅草近辺の芸人たちは様々なことを申し、この猫をあつらえた物があふれ、身近な物となり、のちにたくさん拵（こしら）えられたそうだ。

今戸焼は伏見人形に影響されて誕生したと言われている。伏見人形はすべての土人形の祖と称され、丸〆猫もこの影響を受けたと考えられる。

伝わる三話に共通して、浅草寺、三社権現付近で丸〆猫が売られていた。豪徳寺の招き猫も今戸焼で作られていたそうだ。おそらく、浅草寺の三社権現付近が招き猫発祥地なのではないだろうか？　しかし、この仮説を裏付けるには証拠が足りない。今後、招き猫の研究が進むことを祈っている。

※1 頼母子（たのもし）…金銭の融通を目的とする民間互助（金融）組織。
※2 取退無尽（とりのきむじん）…くじを使った賭博。
※3 公事出入（くじでいり）…民間訴訟の手続き。

今戸神社 概要

今戸八幡宮として、鎌倉の鶴岡八幡宮と同時に創建された。伊弉諾尊と伊弉冉尊を御祭神とする。夫婦神であることから、縁結び神社として人気が高い。今戸では江戸初期から生活雑器である瓦や焙烙を製作していた。その情景は『江戸名所図会』にも紹介され、その風景は江戸の風物詩として親しまれていた。また、新選組の沖田総司終焉の地ともされている。元治元年（1864年）に池田屋事件に加わるが、その最中に病に倒れ、床に伏した。西洋医学所頭取の松本良順とともに臨時病院の今戸八幡に移ったが、慶応4年（1868年）に27歳で亡くなった。おそらく結核であったと考えられている。

現在では女性客が後を絶たず、平日でも列をなして参拝されている。宮司夫人の市野恵子さんは「縁結び会」を主宰し、定期的にお見合いパーティーを開催している。娘の智恵さんは女性神職を務め、イラストレーターとしても活躍中。

\ここがみどころ！/

本殿の巨大な並び猫や縁結び絵馬の数は圧巻！

アクセス＆周辺の観光名所

所在地

東京都台東区今戸1-5-22

アクセス

- 東武伊勢崎線浅草駅北口より徒歩13分
- 草64・東武浅草駅前バス停〜浅草警察署前バス停（池袋駅東口行き5分）〜徒歩6分
- 東42甲・東武浅草駅前バス停〜浅草7丁目バス停（南千住車庫前行き5分）〜徒歩3分

周辺の観光名所

- 東京スカイツリー：20分、15分
  今戸神社（徒歩）〜隅田公園バス停（都営バス・上26・亀戸駅前行き）〜とうきょうスカイツリー駅前バス停
- 浅草寺：15分、10分
  今戸神社（徒歩）〜浅草警察署前バス停（都営バス・草64・浅草雷門南行き）〜二天門バス停
- 浅草花やしき：15分、15分
  今戸神社（徒歩）〜隅田公園バス停（都営バス・上26・上野公園行き）〜奥浅草バス停

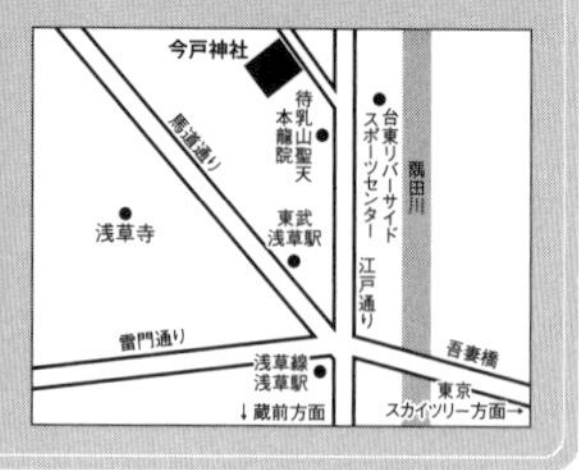

永久寺（曹洞宗）

竹島に山猫はいる？

猫塚・猫石　絵図　御朱印　猫像

現代のマスコミの先駆者で、江戸末期から明治にかけて瓦版、書籍、新聞等を大衆に広めた仮名垣魯文。その墓はここ、興福山永久寺にある。彼は「猫々奇聞」などのコラムにおいて芸妓を猫に見立て、芸妓のアラを紙上で連載した。彼の関わった『いろは新聞』などは、花柳界、演劇界の記事を中心とした欄を設け、「猫洒落誌」として花柳界に人気を得た。この頃から猫々道人の名前を多用するようになった。平塚良宣の『仮名垣魯文』によれば、猫々

永久寺
寺門入り口、本堂右手に山猫めを登塚がある。

道人としての著作は八十に及んだという。

そんな芸妓（ねこ）ばかり相手にしていた魯文は、多くの猫を寺内に残している。これらを紹介したい。

山猫めを登（と）塚

猫が参拝者を覗くかのように、寺門すぐそばに山猫めを登塚が現れる。もともと谷中天王寺の墓地にあったが、終戦時に猫塚の石猫が盗まれてしまったため、永久寺境内に移された。

山猫めを登塚は海軍中将であった榎本武揚（えのもとたけあき）が魯文に送ったとされる山猫の墓である。墓石裏の碑文によれば、「榎本武揚が雌雄の山猫を猫々道人の魯翁に贈った。しかし、その猫は病死してしまった。そのため、標石一柱を贈った。追悼の意を示す」という旨が書いてある。銘は福地桜痴によって書かれ、明治十四年十月（一八八一年）に魯文の友人十六名によって建立された。

山猫めを登塚

榎本武揚は明治における海軍の先駆者で、海軍中将としてロシアに在勤し、樺太千島交換条約を結んだ人物である。明治十三年には海軍卿となり、清国公使や文部など各大臣を経て枢密顧問官となった。

御朱印

山猫めを登の絵図
一般の見学者もレプリカを見ることができる。

平岩米吉の『猫の歴史と奇話』によれば、榎本武揚は明治十三年（一八八〇年）九月に軍艦天城によって朝鮮半島海岸海域を調査した際、鬱陵島（うるるんとう）に接近しており、山猫を得たのではないかと推測している。後述するが、山猫の由来は竹島ではなく、鬱陵島であるようだ。武揚も小唄の作者であり、同じ文芸を嗜む者同士で気が合い、それゆえに武揚から魯文へ山猫が贈られたのかもしれない。しかし、この推測が正しいならば、山猫は約一年しか生きることができなかったことになる。

山猫めを登の絵図

歌川広重の門下であった月岡（大蘇）芳年の画である。魯文の本箱の扉に描かれた画が本堂二階に掛けられている。板書には、以下のように書かれている。

山猫めを登は我が国の竹島産である。榎本武揚がこの猫を捕らえ、魯文翁に贈与した。魯文翁は猫たちを深く愛し、画師の芳年に依頼して猫を写生した。しかし、皆死んでしまった。魯文翁は弔うため、谷中天王寺に埋葬した。明治辛巳　冬

右の肖画する山猫めを登二頭の死骨は谷中天王寺に葬る云々の記録は全く筆者の誤写であり、実は魯文翁の菩提寺である谷中永久寺に葬って、一根の石を立て、題字を以て、その遺蹟を現存させている。

文字の大きさから、この文の後半はあとから追記されたもののようだ。作者が間違いに気づき、慌てて修正した様子が見てとれる。実際、終戦までは谷中天王寺の墓地に石猫と猫塚があり、山猫めを登塚と誤解したのかもしれない。

さて、山猫は竹島産だとされているが、平岩米吉は鬱陵島産ではないかと推測している。江戸から明治にかけて、松島、竹島、磯竹島、鬱陵島など位置関係や名称があいまいで、よく混同されていたようだ。現在の竹島は二つの岩礁からできていて、切り立った崖は山猫が生息するには非常に厳しい。一方、鬱陵島は鬱蒼とした樹木が茂り、食料となる鳥獣や海産物も豊富であった。

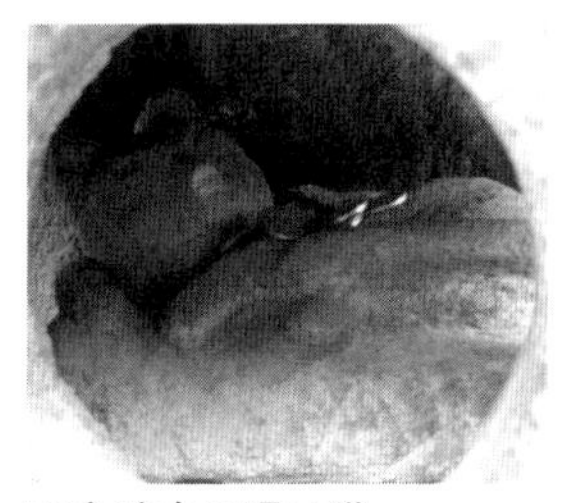

記念碑内の眠り猫

猫塔記念碑
（山猫めを登塚の右）

明治11年、猫の書画と骨董を展示した「珍猫百覧会」の記念碑。

猫々道人の花立
（山猫めを登塚の手前）

高橋お伝の墓付近から発見され、猫塚前に移った。

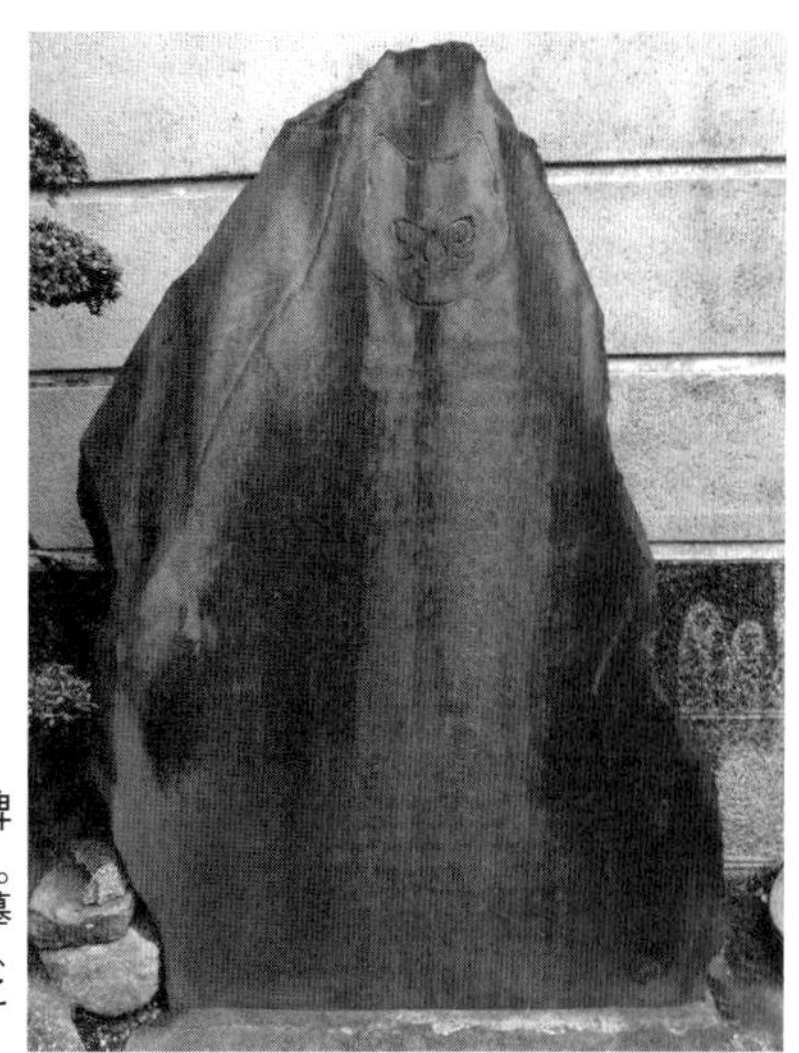

猫塚碑

猫の顔が「魯」の字を模している。終戦前には天王寺の高橋お伝の墓の近くにあった。正岡子規にも、「猫の塚　お伝の塚や　木下闇（こしたやみ）」と詠まれた。

伊藤東涯の『輶軒小録（ゆうけん）』に「磯竹島之事」という項があり、以下の記載がある。

北海のうち、隠州（隠岐島）を三十里北に進むと磯竹島という島がある。周囲は十里ほどある（鬱陵島に一致）。この島に巨大な竹が茂り、フグ、海産物等が豊富であった。また、猫が一種生息していたが、通常の猫とは非常に異なる風貌であった。

この異なる風貌は、松岡布政（まつおかのぶまさ）編纂の『伯耆（ほうき）民談記』巻之二「大谷、村川、竹島（鬱陵島のこと）渡海の事」に下記のような記述がある。

この島に生息する猫は尾が短く、曲がっていた。現在、尾が短く、曲がった猫を竹島猫と呼ぶ。

しかし、江戸時代から短尾の猫がもてはやされ、短尾の猫は本土に一定数いたと考えられている。伊藤東涯は京都の儒学者であるが、京都には短尾の猫が少なかったのだろうか。芳年に描かれた山猫の尾はまっすぐ伸びた長尾で、トイガー（猫の品種）にも似た濃い虎模様である。この濃い虎模様が「甚だ異なる」ように見えたのであろうか。芳年の山猫めを登画は通常の猫と明らかに異なる点は見てとれず、平岩米吉の言うように、鬱陵島の野生化した猫を榎本武揚が連れ帰り、魯文に贈ったように考えられる。

区画整理で、めを登塚をやや左に移動させた際、少し地下を掘ってみても骨は出てこなかったという。残念ながら、骨の形や遺伝子検査で山猫であったか否かを確認することはできないようだ。

永久寺 概要

風室興春和尚（1650年遷化）が隠居寺として建立したのが始まりという。仮名垣魯文の菩提寺で、明治15年（1882年）に魯文から奉納された達磨尊がご本尊の左側に鎮座している。釈迦牟尼仏を本尊とする。仮名垣魯文は明治の毒婦「高橋お伝」をモデルとした『高橋阿伝夜刃譚』を発表したことから、つながりが深い様子がみられる。高橋お伝の墓も谷中霊園内にあり、その墓近くに魯文の猫塚が建てられていた時代もあった。

\ここがみどころ！/

ネット検索して、山猫めを登の絵図と日本のヤマネコを見比べてみよう！

アクセス＆周辺の観光名所

所在地

東京都台東区谷中 4-2-37

アクセス

- JR 日暮里駅南口より徒歩 12分

周辺の観光名所

- 天王寺：徒歩8分　●谷中銀座：徒歩8分
- 上野動物園：バス20分
  永久寺（徒歩）～団子坂下バス停（都営バス・上58・上野松坂屋前行き）～池之端一丁目バス停
- 夏目漱石の旧居跡：バス15分
  旧居跡（徒歩）～日本医大前バス停（文京区コミュニティ バス 千駄木・駒込ルート・ルート・ラクーア行き）千駄木駅（徒歩）～永久寺 ※先に旧居跡の方がバスの路線上便利

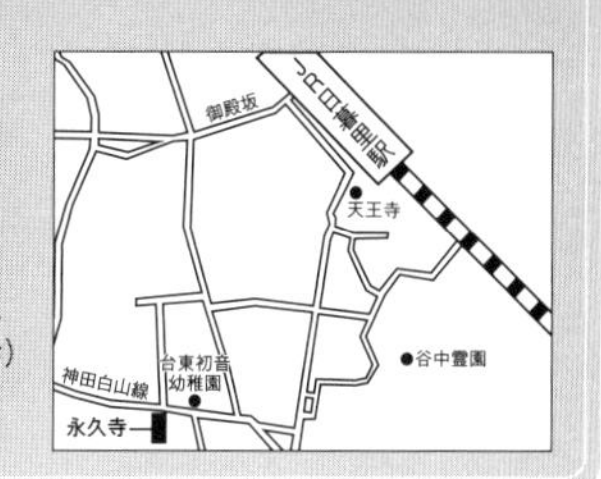

天王寺（てんのうじ）

（天台宗）

人喰らいの化け猫

化け猫

御朱印

幕府公認で富くじの発行が許され、江戸三富の一つとして大いに賑わっていた天王寺。江戸切絵図（安政三年、一八五六年）を覗くと、境内前には茶屋町や門前丁があり、賑やかな雰囲気が見てとれる。そんな華やかさとは裏腹に、境内の奥や隅には薄暗い林や茂みがある。ここから、化け猫に襲われた青年が見つかった。その瓦版を紹介する。

山門

本堂

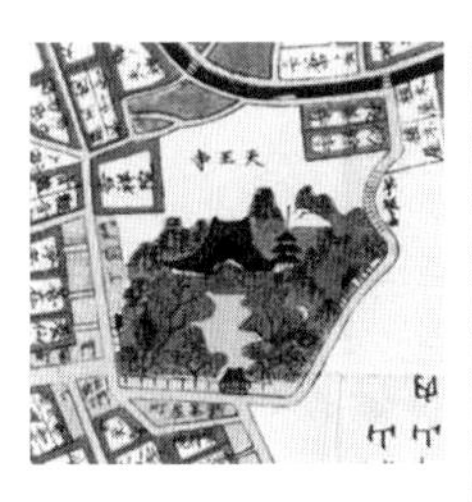

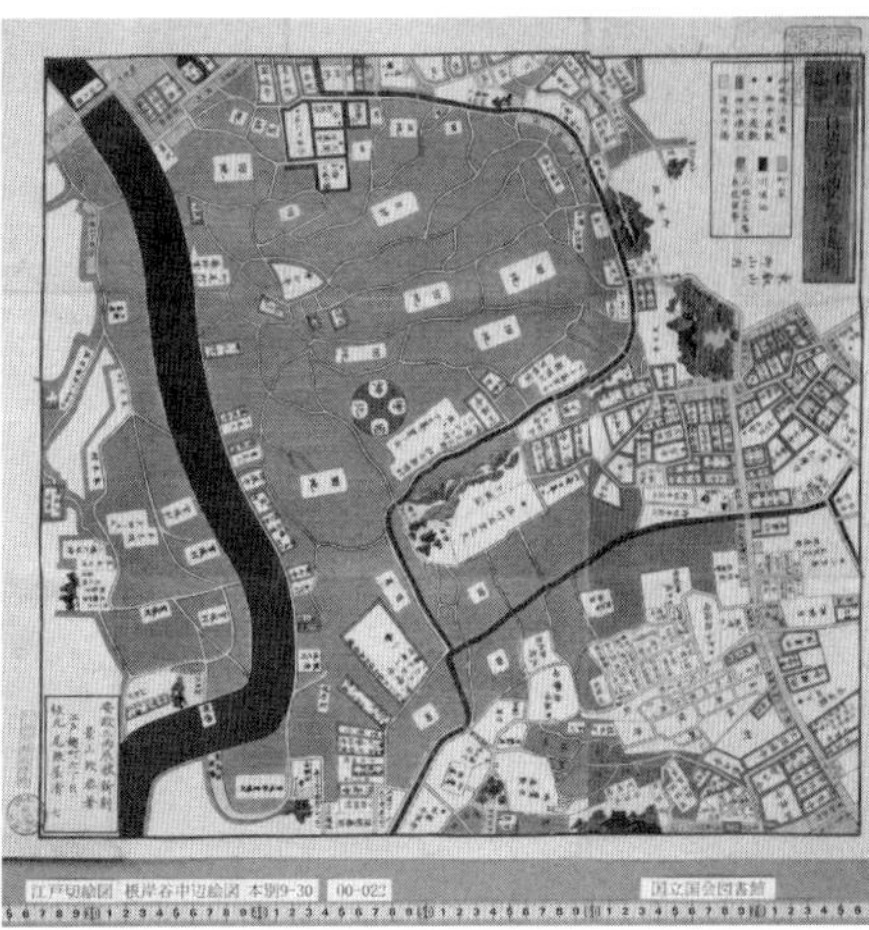

江戸切絵図

化け猫に襲われた猫好き百姓

早稲田大学演劇博物館に所蔵されている瓦版『猫の怪』には次のような話が書かれている。

根岸中村の百姓である元吉宅に尾が二本ある黒(くろ)斑(ぶち)の猫が紛れ込んできた。倅(せがれ)の元二郎はたいそう猫好きであったため、飼うことにした。しかし、重病というほどでもないが、急に床に臥してしまった。

猫は毎晩、元二郎の夜着の上に臥しているので、親たちは猫の仕業かと思って何度も捨てたが、何度も猫は帰ってきた。その後、猫は他人の手を怖がるようになり、元二郎だけに心を許していた。

母親は元二郎に付き添って猫を捨てさせたが、庚申塚(こうしんづか)のあたりで猫もろとも元二郎を見失ってしまった。母親は仕方なくわが家へ帰り、元二郎の

高橋お伝の墓

東京都営谷中霊園の参道にある。

銅造釈迦如来坐像

台東区有形文化財。天王寺大仏として親しまれている。

毘沙門堂

放火によって焼失した五重塔の下層部の材木を利用して、昭和36年(1961年)に建造された。

御朱印

墓地に棲みついたにゃんこ
雨の日は湿気で不機嫌なご様子。

帰りを待っていた。三月二十七日の昼であった。

元二郎はそれきり帰ってこなかったため、村々の若者たちは手分けして至る所を探し回った。四月九日、天王寺の藪から犬が死人の腕をくわえてきた。まさかと思って探したところ、破れた着物が見つかった。それを両親に見せると、猫の仕業であることが伝えられ、皆々驚き、茫然としてしまった。

あまりに珍しいことだったため、一紙に載せ、諸君に伝えた。

天王寺 概要

創建の時代については諸説あり、鎌倉後期から室町初期にかけてのようだ。境内の案内板には応永（1394 ～ 1428年）の頃とされ、天台宗東京教区の公式ホームページでは鎌倉後期とされている。日蓮聖人に帰依した土豪・関長耀が草庵を結び、日蓮聖人の像を祀って長耀山感応寺と称したことが始まりとされる。

不受不施派（法華経信者以外からの施しを受けず、施しもしない教義の派閥）に属していたため、江戸幕府に弾圧され、強制的に天台宗へ改宗された。元禄13年（1700年）には幕府公認の富くじ発行が許され、目黒不動、湯島天神とともに「江戸の三富」の１つとして大いに栄えた。

天保4年（1833年）に再び日蓮宗に帰宗する運動が起こったが、輪王寺宮舜仁法親王の働きにより叶わなかった。この機会に護国山天王寺と改称したという。瓦版には正確な元号は抜け落ちているが、天王寺と称しているため、1833年以降に書かれたものだということがわかる。

現在の都営谷中霊園の一部は江戸時代には天王寺の境内であった。

\ここがみどころ！/

桜の季節は谷中霊園の散歩がおすすめ。園内のノラちゃんと一緒にお花見はいかが？

アクセス＆周辺の観光名所

所在地

東京都台東区谷中 7-14-8

アクセス

- JR・京成本線日暮里駅南口より徒歩２分

周辺の観光名所

- 谷中霊園：1分
- 谷中銀座：6分
- 永久寺：7分
- 上野動物園：15分
  天王寺（徒歩）～日暮里駅（JR 山手線外回り・上野・東京方面）～上野駅
- 国立科学博物館：15分
  天王寺（徒歩）～日暮里駅（JR 山手線外回り・上野・東京方面）～鶯谷駅

第2章

文京区・豊島区

簸川神社
猫貍橋・猫貍坂
西方寺

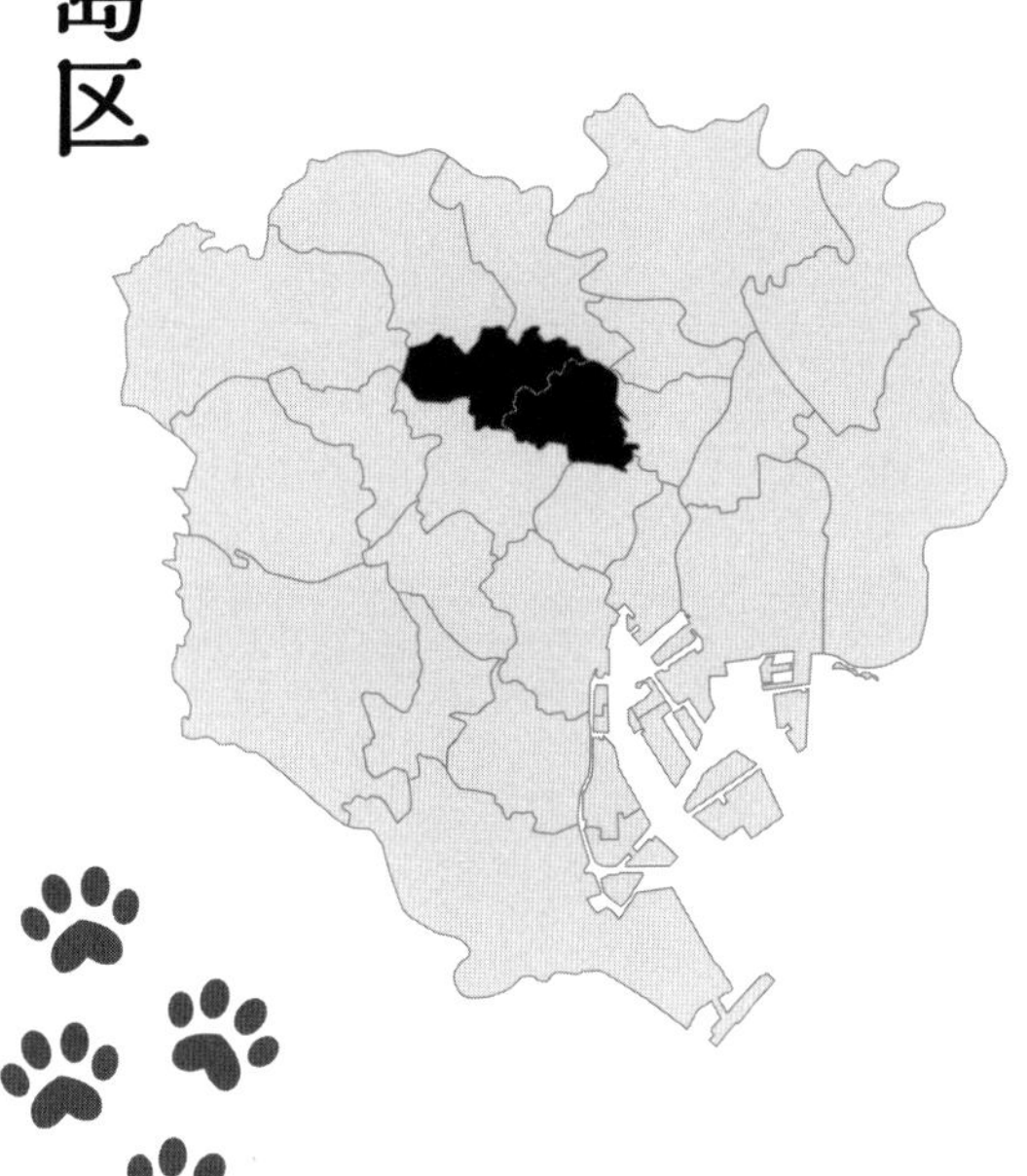

文京区

簸川神社（主祭神：素戔嗚命）

父子の懸け橋となった猫

恩返し

御朱印

神社や寺院の奥様方は、訪ねる人の心を穏やかな気持ちにさせてくれる。氷川坂を上った先の簸川神社で、神主の奥様に話を伺うことができた。神社には猫の伝承は伝わっていなかったが、『江戸傳説』には簸川神社に移り住んだ母子と斑猫の話が残されていた。

簸川神社
拝殿

鳥居
神社は小高い丘の上にある。

五社神社
地域の五社が祀られている。

父子を再会させた猫

江戸の丸山町から氷川に下る小石川には猫狸橋(ねこまたばし)という橋がかかっている。

寛永（一六二四〜一六四三年）の頃、武州川越に彦兵衛という裕福な絹商人がいた。妻のお波との間に男の子を一人もうけたが、蟲気(むしけ)※1によりすぐに死んでしまった。悲嘆に暮れる夫婦であったが、ある日の朝、かわいい赤子が捨てられていた。そばには形見の刀と守り袋が置いてあり、由緒ある武士の子であるようであった。悲しみに暮れていた夫婦は門二郎と名付け、喜んで我が子として育てた。

あるとき、浪人の塚山新八からの金の無心を断ったことで、彦兵衛は非業の死を遂げてしまった。十五歳となっていた門二郎はもともと力仕事が好きであった。お波は門二郎に江戸で剣術を習わせ、父の仇を打たせたいと覚悟し、生前の彦兵衛がかわいがっていた斑猫を一匹連れ、小石川簸川神社のそばへ来て、侘び住まいをすることになった。

お波は風邪をこじらせて不治の病となったが、門二郎はめきめきと武芸の腕を上げた。お使いなどで糊口を凌いでいたものの、父の形見である猫だけには魚などを与えて、大切にしていた。

ある晩、その猫がお波の枕元に小判をくわえてやってきた。畜生ながらも我が家の窮状を察して、どこからか盗んできたものだろうと察して、猫をしかりつけた。しかし、猫はやめようとはせず、毎晩のように小判を持ってくるのであった。

近所に住む質両替商の鎌倉屋喜平は、ある晩、見慣れぬ猫が箪笥の引き出しから小判をくわえて逃げるところを目撃した。先日から金の帳尻が合わないと思っていたが、猫の仕業と確信し、起き上がって猫を叩き殺した。その死骸は小石川へ捨ててしまった。

お波と門二郎は飼い猫が戻ってこないので必死に探していた。近所の者の話で、盗賊猫が鎌倉屋で殺されたことを知った。門二郎は死体だけでももらおうと、盗まれた小判をすべて懐にしまい、鎌倉屋を訪れた。鎌倉屋の喜平は門二郎の顔をしげしげと見つめ、亡くなった妻によく似ていることに気が付いた。額に黒子(ほくろ)もある。刀や守り袋のことを聞いてみると、ついに二人が実の

奉拝
簸川神社
小石川総社
令和二年六月十四日

御朱印
ねこまた氷川のハンコがネコズキゴコロをじゃらします。

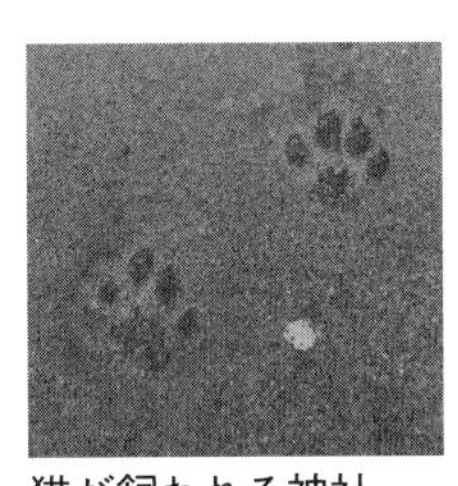

猫が飼われる神社
猫用扉もあり、大事にされている様子がうかがえる。かわいい足跡も残されている。

親子であることがわかり、互いに涙したのであった。

鎌倉屋の喜平は岸野十左衛門という身分のある武士であった。旅先で妻が門二郎を産んだが、産後の肥立ちが悪くて亡くなってしまい、乳に困って彦兵衛の門口に捨てたという。

喜平は門二郎の後見人となり、彦兵衛の仇を討たせた。また、後家のお波を引き取って、門二郎を後継ぎとした。二人が再会できたのは猫のおかげであったため、川で猫の死体を探したが、見つからなかった。そのかわりに、これを記念して橋を架けることとなった。この橋が件の猫貍橋であるという。門二郎の子孫は代々栄え、今は岸野姓を名乗る末裔が巣鴨に残っているという。

この伝承に由来してか、神社では昔から猫を飼っており、玄関のコンクリートには猫用扉に続く足跡が

残っていた。「先代の足跡なの」と、奥様方から伺った。現在も猫と暮らしており、たいそうかわいがっているそうだ。

※1 蟲気（むしけ）…寄生虫によって子どもが腹痛、ひきつけ、かんしゃくを起こす病気。

簸川神社 概要

社伝には第五代孝昭天皇の時代に創建されたと伝えられている。当初は小石川植物園内の貝塚に鎮座していた。元禄12年（1699年）、白川御殿造営のため、現在の地へ遷座した。巣鴨の鎮守にも定められ、江戸名所の1つとされた。社殿は関東大震災、東京大空襲の被害を受けて焼失し、現在の社殿は昭和33年（1958年）に再建されたものである。「簸川」の社号はたいへん珍しい。もとは氷川の社号であったが、神主の毛利昌教氏は出雲国簸川に由来すると結論付け、「簸川」に改めた。御祭神は素盞嗚命（すさのをのみこと）、大己貴命（おほなむぢのみこと）、稲田姫命（いなだひめのみこと）である。氷川神社の末社であるが、江戸七氷川の1つに数えられる。

＼ここがみどころ！／

丘の上に築かれた閑静な社殿で、白宝稲荷横にはコンクリにいたずらしたにゃんこの跡が！

アクセス＆周辺の観光名所

所在地

東京都文京区千石 2-10-10

アクセス

- 東京メトロ丸ノ内線茗荷谷駅1番出口より徒歩9分
- 都営三田線千石駅A2 出口より徒歩11分

周辺の観光名所

- 猫貍橋・猫貍坂：🚶5分
- 巣鴨地蔵通り商店街：🚃20分
  簸川神社（徒歩）〜千石駅（都営三田線・西高島平行き）〜巣鴨駅
- 湯島天神：🚃30分
  簸川神社（徒歩）〜茗荷谷駅（東京メトロ丸ノ内線・荻窪行き）〜本郷三丁目駅

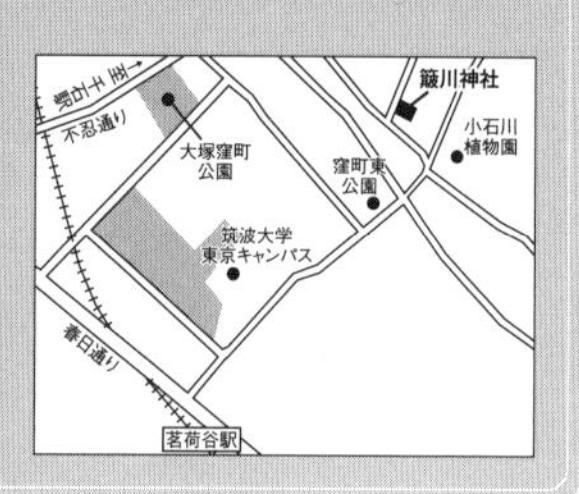

文京区

猫貍橋・猫貍坂（不忍通り）

消えゆく和猫のあしあと

江戸時代、小石川丸山町より簸川下へ下る小石川に架けられた橋が猫貍橋（猫股橋）であった。この橋は曲亭馬琴の『南総里見八犬伝』にも登場し、知られるようになったという。現在、簸川神社の伝承に現れる猫貍橋は親柱の袖石を残すのみである。

名前の由来は簸川神社の伝承のほか、諸説ある。昭和五十八年（一九八三年）一月に建てられた文京区教育委員会の案内によれば、もともとは木の根っ子の俣で橋を架けたため、根子股橋と呼

猫貍橋の袖石

ばれていたという。天保年間（一八三〇～一八四四年）に斎藤月岑によって発刊された『江戸名所図会』にも同様の記述がみられる。また、江戸時代にはたいへん不気味な地であった。

『江戸砂子』には下記のような記述がある。

このあたりの狸は夜な夜な赤い手拭いをかぶって踊るという噂があった。ある夕暮れ時、道心者※1が白い獣に襲われ、狸かと慌てて逃げ、千川（小石川）にはまった。それから、この橋は猫狸橋と呼ばれるようになった。吉田兼好の『徒然草』に、行願寺のあたりにいた連歌師が猫股に会って小川へ転び込んだことが書いてあったが、それは日頃飼育していた犬であったという。この話も徒然草の話が言い伝わったのだろう。

この猫狸橋にちなんで、千石二丁目と三丁目の間の坂を「猫狸坂（猫又坂）」と呼んだ。

大正七年（一九一八年）、猫狸橋はコンクリート製となった。その後、増水による氾濫を防止するため、道路下に千川（小石川）を通すことになった。そのとき、猫狸橋も撤去されたが、工事の相談役であった市川氏により、親柱の袖石が保存されることになった。このうちの二基が猫狸橋のあった地に石碑として残されている。

同氏はこの二つの袖石に歌を刻んだ。千川（小石川）が暗渠※2となったことに対する同氏や地元民の気持ちが読み取れる。

ねこまたはし　大正七年三月成

長閑(のどか)なる
氷川の里は戀(こい)しくも
かはり行く世に
逢ふよしもなし

騒がしき蛙(かわず)は
土に埋(うず)もれぬ
人にしあれば
如何に恨まん

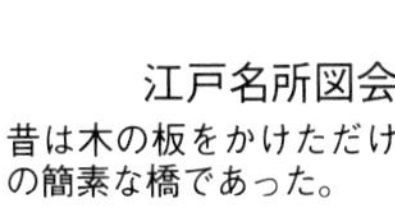
江戸名所図会
昔は木の板をかけただけの簡素な橋であった。

※1 道心者(どうしんじゃ)…仏門に帰依した人。
※2 暗渠(あんきょ)…地下に埋設したり、ふたをかけたりして、外から見えないようになっている水路。

猫狸橋のトイレ
ちょっとした公園になっている。

猫狸坂
今は化け物が出そうな怪しい雰囲気など微塵も感じられない。

猫狸橋・猫狸坂 概要

千石2丁目と3丁目の間を通る不忍通りを猫狸坂と呼ぶ。かつては化け物が出そうなほど鬱蒼としていたようだが、今では整備され、見る影もない。現在、猫狸橋の架かっていた小石川は暗渠となり、見ることはできない。

\ここがみどころ!/

袖石に刻まれた歌に耳を澄ませば、川を殺したコンクリートロードと気持ちが重なる。猫の史跡も失われつつある。

アクセス&周辺の観光名所

所在地
東京都文京区千石 2-7-7

アクセス
- 東京メトロ丸の内線新大塚駅2番出口より徒歩 10 分
- 東京メトロ丸の内線茗荷谷駅1番出口より徒歩 12 分
- 都営三田線千石駅 A4 出口より徒歩 9 分

周辺の観光名所
- 簸川神社：5分
- 巣鴨地蔵通り商店街：20分
  猫狸橋・猫狸坂（徒歩）〜千石三丁目バス停（都営バス・上 58・上野松坂屋前行き）〜千石一丁目バス停
- サンシャイン水族館：20分
  猫狸橋・猫狸坂（徒歩）〜千石三丁目バス停（都営バス・上 60・池袋駅東口行き）〜東池袋二丁目バス停

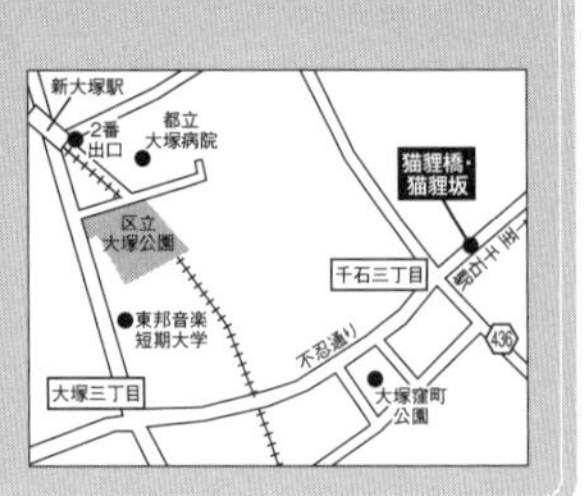

西方寺（さいほうじ）（浄土宗）

薄雲の猫は招き猫？

私が部屋の中を歩けば、猫はそろそろとついてくる。ご飯を作るときも、布団に入るときも、トイレに行くときも……。猫を飼っている人にはなじみであるが、その他の人には奇妙に映るようだ。猫と西方寺を結ぶ鍵が『近世江都著聞集』（宝暦七年、一七五七年）と『青楼奇事烟花清談』（安永五年、一七七六年）に載っていた。まずは、『近世江都著聞集』の話を紹介する。

本堂

三浦遊女薄雲が伝

晋其角（しんきかく）[※1]の句にこのようなものがある。

京町の猫通ひけり揚屋（あげや）町

これは春の句で、猫通うという言葉が入っている。「猫サカル、猫コガルル」は『おだ巻』[※2]初春（二月）の季語として分類されている。京町の猫とは、遊女を猫に見立てた姿だろうと言われていたが、今、其角（きかく）流の俳諧では、人を畜類鳥類に例えるのは正統的ではない。つまり、上述のようには解釈しない。

元禄（一六八八〜一七〇三年）の頃、太夫、格子[※3]の京町三浦の遊女が揚屋（あげや）[※4]入りのときに禿（かぶろ）[※5]に猫を抱えさせて、思い思いに首輪をつけて、猫を寵愛していた。つまり、この句はすべての遊女が猫を大切にし、花魁道中に持たせて、揚屋入りする当時の様子を「京町の猫揚屋へ通ふ」と風雅に表現している。

その頃、太夫や格子が猫を抱かせて花魁道中をするようになった根源は、三浦屋四郎左衛門が抱えていた薄雲という遊女であった。遊女の最高位である高尾、薄雲という名は代々受け継がれ

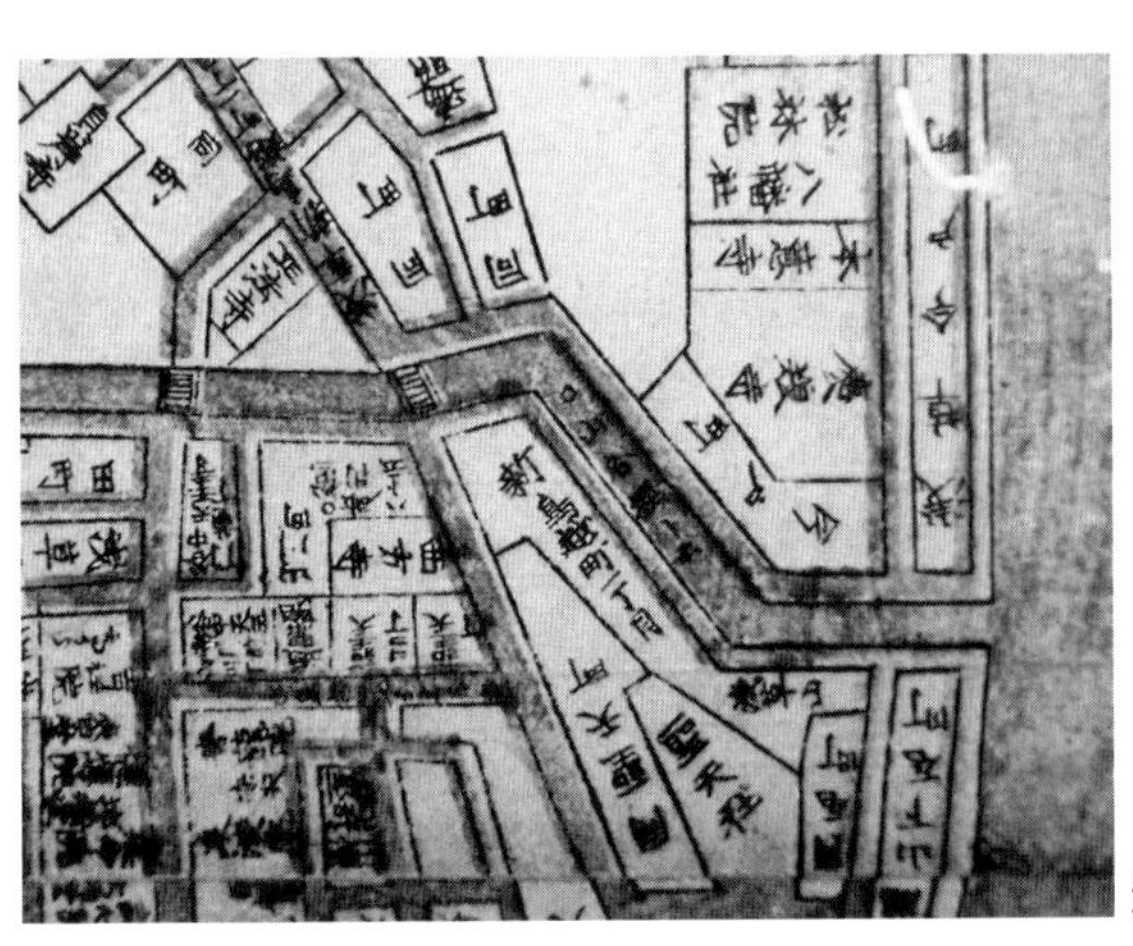
江戸切絵図

る名である。ここで書かれている薄雲は、元禄六、七年の頃から一二、三年にわたって三代目薄雲と呼ばれた遊女のことである。

この薄雲は普段から、かわいらしい三毛の小猫に緋色のちりめんで作られた首輪に金の鈴をつけ、たいそうかわいがっていた。その猫の中に、薄雲によく懐いていた猫が一匹いた。朝から晩までそばを離れず、夜も寝室まで入り、片時も他所へ行かず、春の夜の野良猫の発情した声にも浮かれ出ず、手元を離れなかった。けなげで奥ゆかしいと、薄雲は喜び、ますますかわいがった。用を足すために厠へ行くときも、この猫はますますそばを離れず、厠の中へ入れないと鳴き、薄雲に恋焦がれてやかましいので、仕方なく厠の中まで連れていった。

「昔から猫は陰獣であり、全くの魔物である。薄

招き猫像

浅草にあった頃から現存していた。損傷が激しく、すでに足先が失われてしまっている。

雲の容貌が麗しいので、猫が魅入ってしまった」と噂され、人々は「薄雲は猫に魅入られた」と、囃し立てた。これが三浦屋の親方の耳に入り、「昔から言い伝えられることには訳がある。あまり猫を愛しすぎないように」と、注意した。薄雲も人々の噂を恐ろしく思い、猫をかわいがることを控えたが、猫は変わらず薄雲を慕い、離れなかった。人々が猫を追放すると、ただ悲しそうに泣き叫び、薄雲のひざ元から離れることを悲しんでいた。特に厠へ行く猫を人々はたびたび追いやったが、まだ慕ってついてきた。

　家内の人々は、「この猫はますます魅入られてしまった」と言いあい、ついにこの猫を打ち殺してしまおうと相談していた。そんな折のある日、薄雲が厠へ立つと、どこからか猫が来て、いつものように厠へ入ろうとするのが見つかった。家内の男女が追いかけようとすると、亭主は脇差を抜いて猫に切りかかった。猫の首は鮮やかに切り落とされ、厠の下へもぐりこみ、首を見失ってしまった。どこへ行ったかと探してみると、厠下の角で見つかった。猫の首は大蛇に噛みつき、食い殺していた。大蛇は厠に潜み、薄雲を狙っていたのだった。

人々は肝をつぶし、気がついた。蛇が薄雲に魅了されて厠に棲みついていることを知らず、罪のない猫に目を向け、このように恩情のある猫を殺してしまったことは浅ましいことであった。日頃からかわいがっていたため、猫は厚恩を抱き、これほどまでに優しい心をもっていたのに、知らずして殺してしまったことを悔やみきれないと、誰もが感じていた。

薄雲はさらに不憫に思い、涙を流し、最後にその猫の亡骸を道哲（当時の西方寺の俗称）へ埋葬し、猫塚と称した。それから、揚屋通いの遊女の多くは猫を飼い、禿に持たせないといけないような習慣となった。

『近世江都著聞集』から約二十年後に出版された『青楼奇事烟花清談』にも同様の話が書かれている。こちらも紹介したい。

三浦屋薄雲、猫を愛し、災いを逃れし事

元禄の初め頃、京町一丁目の三浦屋に薄雲という遊女がいた。沈魚落雁（ちんぎょらくがん）※6の姿が美しかった。

猫像
比較的新しそうな猫の置物もある。

楊梅桃李[※7]のように美しく、色情は何とも言いようがなく素晴らしかった。衣通姫小町[※8]というべき顔つきであった。糸竹[※9]の技術も言うまでもなかった。和歌俳諧の道も上手で、情愛もまた格別であった。

ところが、この薄雲、猫への情愛は古の女三宮[※10]にも勝るほどであった。常に毛並みの美しい猫に唐紅（深紅）の首綱をつけて、禿に抱かせていた。揚屋にいる薄雲が用を足しに行くときは、必ずこの猫が後についていった。人々は不思議がり、この猫は薄雲に魅入られてしまったと、誰ともなく囁きあっていた。のちに三浦の亭主もこれを耳にした。世間に顔出しする身として、浮いた噂が立っては良くないと、この猫に注意していた。

ちょうどそのとき、薄雲が厠へ向かうのを見た。

後影をみると、この猫は背を立て、歯をむき出して姿を変え、たちまち綱を噛み、料理場を一走りして飛び降りた。そこを料理人が包丁を持ったまま一打ちで切りつけ、猫の首は打ち落とされてしまった。死体はまな板のもとに残っていたが、頭はどこかへ行ってしまった。

そのとき、薄雲がいた厠で騒がしい音がした。薄雲は音に驚いて慌てて出てきた。男たちは近づいて、厠の踏板を引きはがすと、大蛇の頭に猫の頭が食いついていた。いつの間にか蛇が厠の下に隠れ、薄雲に魅入られていた。このことを猫だけが知っていた。厠へともに行き、薄雲の身を守っていたことを知らず、猫を殺してしまったのは不憫であったと、猫の亡骸は菩提所へ葬られた。その頃、揚屋へ向かう太夫や格子は皆、猫を禿に抱かせて、花魁道中をしたという。

京町の
ねこかよひけり
　　揚屋橋
　　　　宝晋斎其角

という句もこの風情を汲んでいる。

二代目高尾太夫墓

飼い主が大蛇に見初められ、猫が殺されながらも飼い主を守った話は各地に残されている。山形県置賜地区の猫の宮も同様の話が残っている。

江戸切絵図によれば、浅草にあった頃の西方寺は、現在の遍照院(へんじょういん)東側に位置していたようだ。西巣鴨町誌(一九三二年)によると、当時は開基の名に由来して道哲と呼ばれていた。ここに薄雲の猫塚が建てられたとある。さらに、ある客が長崎から伽羅の銘木を取り寄せ、招き猫を彫って送った。薄雲太夫に大切にされたその招き猫は、彼女の死後、西方寺に収められたが、猿若町出火(一八六四年)の際に焼失した。現存の猫像はこの伽羅の猫像を忍んで門柱に作られたものだという。

巣鴨に移転後、西方寺の門柱に招き猫像も移された。現在は損傷が激しく、二代目高尾太夫の墓の前に移転した。そのため、誤解されがちだが、この二代目高尾太夫は薄雲や招き猫とは関係がない。

紹介した文献には猫の名前もなく、薄雲の猫と招き猫の発祥との関係は認められない。「たま」という名前や伽羅の猫像は後付けのようだ。ただ、月岡芳年の『古今比売鑑・薄雲』に描かれる猫の表情は、昔から変わらぬ猫の愛を感じさせる。この薄雲の挿している、猫を模したべっ甲のかんざしは「銀座かなめ屋」で復刻されている。

※1 晋其角（しんきかく）…江戸時代前期の俳人で、松尾芭蕉の門下。
※2 おだ巻…元禄四年（一六九一年）に溝口竹亭によって書かれた俳諧。「四季之詞」の二月に「猫さかる」が書かれている。
※3 格子…太夫に準ずる遊女のこと。
※4 揚屋（あげや）…遊女を呼んで遊ぶ家のこと。
※5 禿（かぶろ）…上級遊女に使える見習の少女のこと。
※6 沈魚落雁（ちんぎょらくがん）…魚や雁も恥じらって、身を隠すほどの美人を形容する言葉。
※7 楊梅桃李（ようばいとうり）…楊（やなぎ）と梅と桃と李（すもも）のこと。様々な花木の形容、華やかなこと。
※8 衣通姫（そとおりひめ）…古事記、日本書紀にある記紀伝説に登場する女性。衣を通して輝く、美しい女性であった。
※9 糸竹（いとたけ）…楽器、管弦の音楽のこと。
※10 女三宮…『源氏物語』に登場する人物。光源氏と結婚するが、猫がきっかけで大事件を起こす。

西方寺 概要

江戸時代、浅草の遍照院の東側に借地していた。新吉原に近かったことから、亡くなった遊女の遺体の投げ込み寺となっていた。関東大震災で寺が焼失したため、現在の巣鴨に寺を移転させた。薄雲は元禄13年（1700年）に源六という人物に身請けされた。衣類、布団、手荷物など身のまわり品含め、350両で引き取ったという証文が現存している。この三代目薄雲と同じく、三浦屋にいた二代目高尾太夫の墓も寺内にある。同じ太夫であったためか、寺門にあった猫像は二代目高尾太夫の墓前に移動した。

\ここがみどころ！/

招き猫像は朽ちはじめていて、姿を留められるのも時間の問題!?　お参りするなら今のうち。

アクセス＆周辺の観光名所

所在地

東京都豊島区西巣鴨 4-8-42

アクセス

- 都営三田線西巣鴨駅 A4 出口より徒歩２分
- 都電荒川線新庚申塚駅早稲田方面口より徒歩２分

周辺の観光名所

- 巣鴨地蔵通り商店街：10分
  西方寺（徒歩）～新庚申塚バス停（都営バス・草 63・浅草寿町行き）～とげぬき地蔵前バス停
- サンシャイン水族館：20分
  西方寺（徒歩）～新庚申塚駅（都電荒川線・早稲田行き）～向原駅

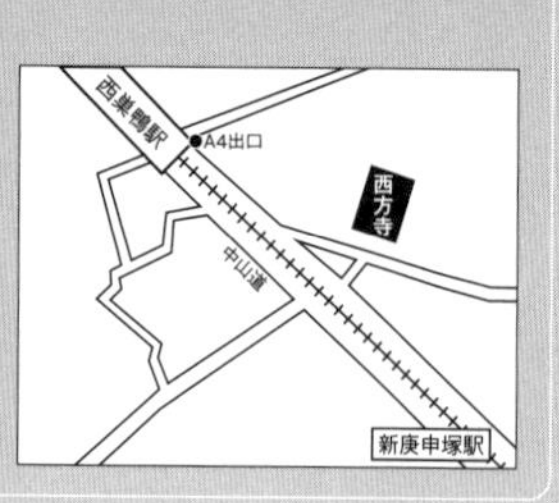

第3章

新宿区

自性院
漱石公園
ねこや

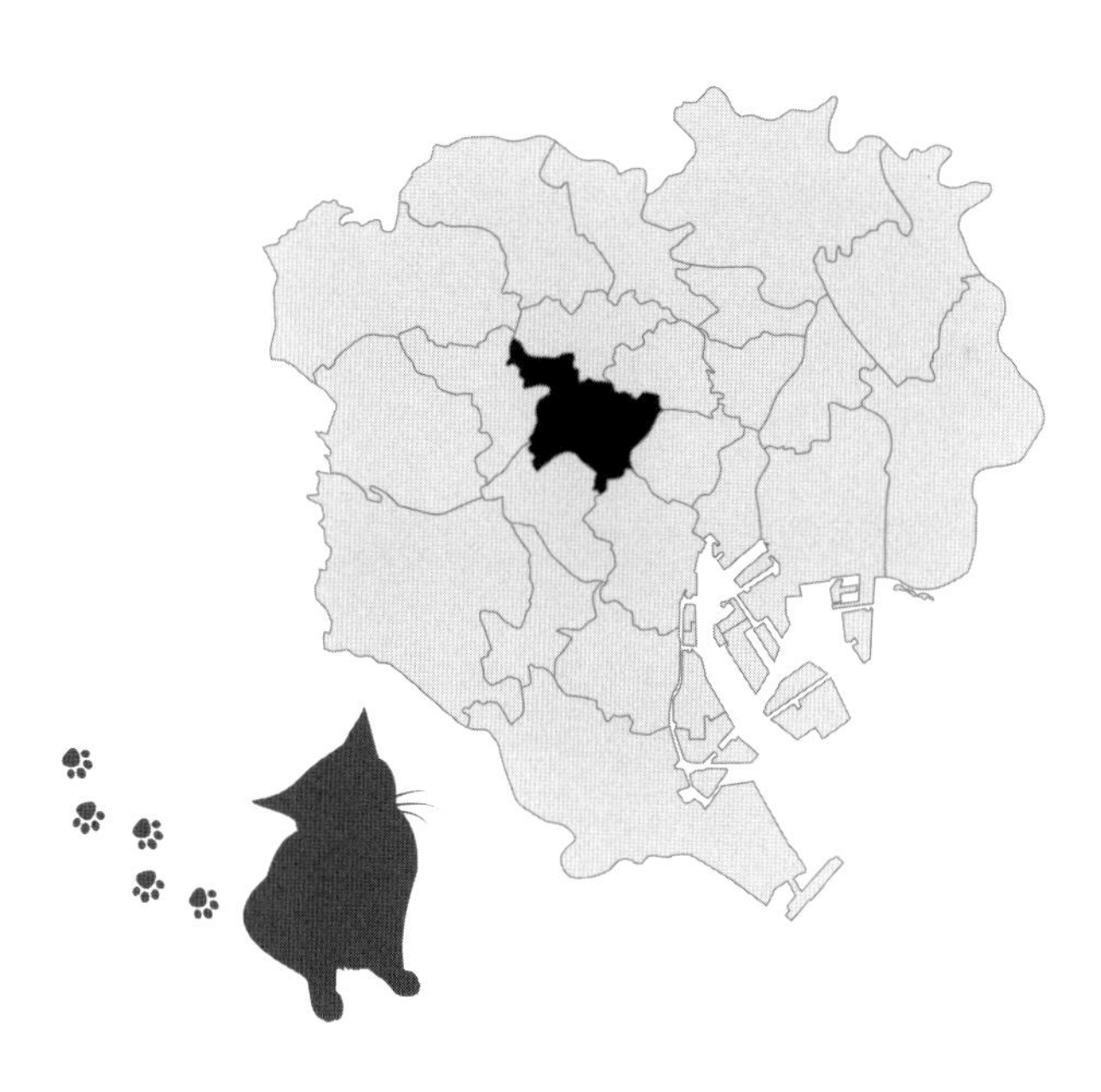

自性院（じしょういん）（真言宗）

二つの猫地蔵尊

右手は金運、左手は千客万来を呼び込むと評判の招き猫。白や黒など、色でもご利益が変わるとも言われる。古くは遊郭の呼び込みや養蚕の守り神としても大切にされてきたが、近年ではもっぱら店先に置かれているような印象がある。

ここ自性院は地元の「猫寺」と親しまれ、招き猫発祥の地の候補として名高い。一般的な招き猫が人や福、金運を招くのとは異なり、ここ自性院は招き猫を福への導き手とする。その背景とし

本堂

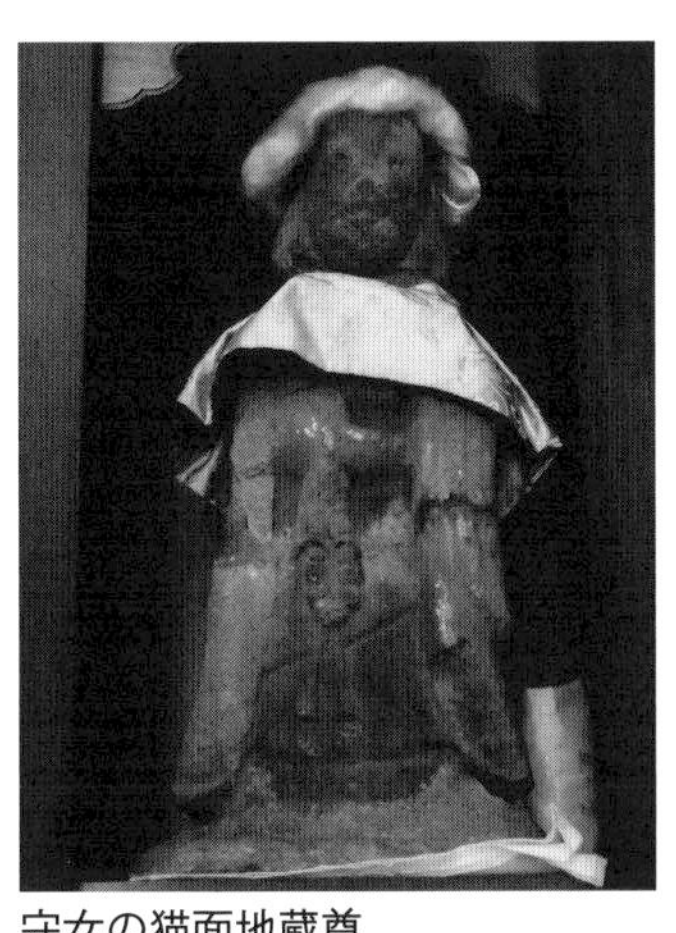
守女の猫面地蔵尊

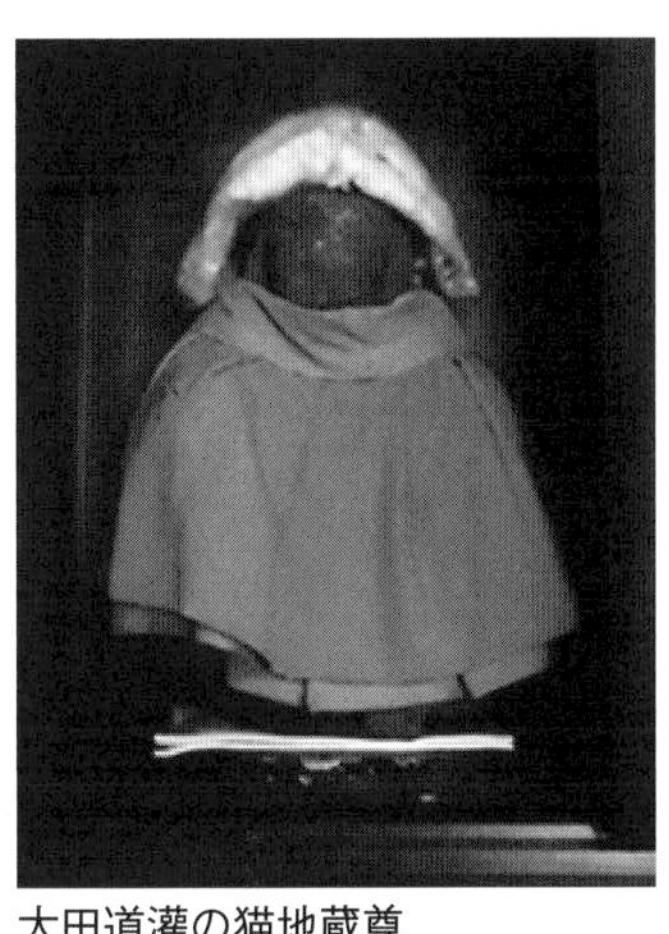
太田道灌の猫地蔵尊

て自性院の猫地蔵堂に祀られている二つの猫地蔵尊を紹介する。

招き猫地蔵尊　太田道灌を救った黒猫

太田道灌は江戸城を開いたことで知られる戦国武将である。太田道灌が活躍していた時代、自性院の西側一帯は江古田原（えこだがはら）と呼ばれていた。この地の支配権をめぐり、文明九年（一四七七年）、江戸城主であった太田道灌と石神井城主の豊島泰経、平塚城主の豊島泰明が対峙した「江古田原の合戦」が行われた。

この戦で劣勢になった際、太田道灌は退却の途中で夜道に迷ってしまった。そこに一匹の黒猫が現れ、道灌の足にまといつくように歩いた。道灌も導かれるようについていくと、藪を抜けた先に

猫塚

草庵を見つけることができた。そこが自性院であった。道灌はこの寺院で一夜を過ごして英気を養い、体勢を立て直すことができた。のちに豊島泰明を討ちとり、泰経は逃亡、合戦に大勝利を収めた。葛城明彦の『決戦―豊島一族と太田道灌の戦い』によれば、少数の兵で挑発して平地におびき寄せ、江古田原付近に伏兵していた主力兵で敵を叩く戦法が功をなしたと考えられている。

　道灌は黒猫のおかげで勝利したとたいへん感謝し、その後は黒猫を大切に養ったという。死後も丁重に弔われ、一体の地蔵尊を建立して冥福を祈った。のちに地蔵尊は自性院に奉納され、道灌招き猫地蔵尊として祀られている。江戸時代には猫地蔵尊の評判が広く知れわたり、参拝者が絶えなかったという。

このような背景から、自性院の招き猫の手は「福へ導く招き」とされる。

猫面地蔵尊　猫を愛した守女

もう一つ、猫にまつわる地蔵尊が奉納されている。

明和（一七六四～一七七二年）の頃、江戸小石川御三間屋の加賀屋を営む豪商、真野正順の娘で、金坂八郎治の妻、守女が亡くなった。「覧操院孝室守心大姉」という戒名をおくられた彼女は、生前、良き妻、貞女として評判であった。牛込神楽坂で鮨商売をしていた彌平は守女の義理堅い人柄を後世の手本とするため、また彼女の冥福を祈るため、猫面地蔵尊を刻んだ。生前、彼女が猫をこよなく愛していたことから、猫の顔が彫られたという。当時、猫地蔵尊で有名だった自性院に猫面地蔵尊の開眼法要が依頼され、住職の鑑秀上人によって供養され、自性院に収められたという。猫面地蔵尊の背には明和九年四月十九日と銘がある。この噂は瞬く間に江戸に広がり、守女の夫に尽くす精神にあやかりたいと、参拝者があふれかえったと言い伝えられている。

寺門の招き猫

猫地蔵堂内

様々な方が猫を持ち寄り、
猫だらけとなった。

招き猫

節分が土日に重なるときに授与し
ている。願い事が叶うと、お金を
入れてまた奉納される風習がある。

黒猫さん

飼ってはいないそうだ。引き寄せ
られるのか、集まってくるという。

トキワ荘跡地

手塚治虫、藤子不二雄、赤塚不二夫な
ど著名な漫画家が住んでいた。

節分会

太田道灌の猫地蔵尊、守女の猫面地蔵尊は秘仏であるが、毎年二月三日の節分会で御開帳される。前日の二月二日は飼い猫の供養も依頼できる。節分会では豆まきのほか、七福神が町内を練り歩くパレードも催され、たいへん賑わう。節目となる年には猫地蔵を模したお札が配られることもある。令和最初の節分会でもお札が配られた。普段は多くの招き猫とともに、猫地蔵堂に祀られている。昭和四十二年（一九六七年）に竣工された旧地蔵堂は、平成十二年（二〇〇〇年）二月三日に木彫地蔵尊（木島延幸作）が開

猫地蔵尊のお札
（令和２年）

御朱印

眼され、新猫地蔵堂が完成した。

戦前、彫刻家の河村目呂二氏より猫のブロンズ像が寄贈され、門前を見守っていた。しかし、戦時中に供出を命じられ、失われてしまった。目呂二氏が墨書し、鍋蓋に彫った猫絵はいまだ自性院に現存し、寺のシンボルとなっている。寺内にはいくつか猫塚も見られるが、現在ではこの由縁はわからない。目呂二氏の奉納した猫コレクションとともに、戦火で失われてしまった。現在、門柱には永潤和尚によって招き猫が建立され、道行く人を見守っている。

自性院 概要

『自性院のあれこれ』によれば、空海上人（弘法大師）が41歳（弘仁５年、814年）のときに東国を旅した際、この地で刻んだ観音像を奉納したことが自性院の始まりと伝えられている。ご本尊は観音菩薩、来迎阿弥陀如来、勢至菩薩の三尊仏が祀られている。1945年４月13日の東京北部大空襲によってすべての伽藍が焼失したが、この三尊仏は焼失を免れた。校内暴力や暴走族が目立った昭和30年代、永智和尚は子どもの心の救済を目的とした現代の寺子屋「自性院子供会」を作った。今では野球チーム「自性院ファイターズ」も活躍し、活動が継続している。

＼ここがみどころ！／

節分会に参加して、ぜひ猫地蔵尊様、猫面地蔵尊様にお参りを♪

アクセス＆周辺の観光名所

所在地

東京都新宿区西落合1-11-23

アクセス

- 都営大江戸線落合南長崎駅より徒歩2分

周辺の観光名所

- トキワ荘跡地：徒歩10分
- 新宿駅：バス20分
  自性院（徒歩）～落合南長崎駅（都営大江戸線・六本木・大門方面・都庁前行き）～新宿駅

漱石公園（そうせきこうえん）

夏目家の猫塚は「吾輩」の墓？

猫像
猫塚・猫石

　自己紹介をするとき、どんな話をするか想像してほしい。まず名乗る。その後に話す内容でその人の性格が現れるという。日本人の多くは、まず所属を伝えるそうだ。社会的立場に安心感を持つ国民性なのだそうだ。逆に、西欧諸国では自分の嗜好や興味、趣味といった個人的な情報を伝える。名前の次に来る情報には、自身の自己同一性（アイデンティティー）を確立するに最も重要なものを最初に挙げるそうだ。

入口

公園までの道
所々で猫にいざなわれる。

塀上の猫像（文京区向丘2）

猫塚

そんな話を知ってか知らずか、筆者は迷わずこう答えてきた。

「吾輩は猫好きである」

猫好きが夏目漱石で連想するのは、間違いなく『吾輩は猫である』であろう。この猫は生まれも知らず、名乗る名もない。「猫」であることだけが自己確立の要である主張から、この物語が始まる。何者でもない、ただの猫から見た当時の風刺は、読む者に新鮮さを与えたことだろう。

ここ、漱石公園には漱石と関連のある猫塚が残されている。こちらを紹介しよう。

猫塚

初めに伝えておくが、残念ながらこの猫塚は『吾輩は猫である』の猫の墓ではない。モデルとなった黒猫は明治四十一年（一九〇八年）九月十三日に物置の竃（へっつい）の上で亡くなり、裏の庭先に埋められた。墓標には「此の下に稲妻起る宵あらん」と句が添えられ、冥福を祈ったそうだ。門弟や知人に猫の死亡通知を出すほどであった。

塚前に建てられた看板には、漱石の死後、遺族が飼育していた猫をはじめ、犬や小鳥の供養を目的として建てられたとある。ＮＰＯ法人漱石山房のホームページによれば、黒猫の十三回忌である大正十年（一九二一年）九月、遺族が自然石を重ねて多層塔を建立した。これが猫塚と呼ばれるようになった。その後、関東大震災や東京大空襲の影響で損壊した。現在の塔は三代目で、昭和二十八年（一九五三年）の漱石命日に復元された。「吾輩」の直接の猫塚ではないが、十三回忌に建立していることから、遺族は「吾輩」も含めて供養しているようだ。漱石の次男、夏目伸六のエッセイ『猫の墓』によれば、「吾輩」の遺骨は雑司ケ谷の漱石の墓に改葬され、ともにいるという。

漱石旧居跡（文京区向丘２）

漱石墓（雑司ヶ谷霊園内）
「吾輩」も安らかに眠っているそうだ。

旧居跡の猫像

漱石公園から離れるが、日本医科大学同窓会館（文京区向丘二丁目）には漱石旧居跡の記念碑がある。その塀上には猫像を見ることができる。明治三十八年（一九〇五年）一月、『吾輩は猫である』はこの地で発表された。ここにあった家には漱石のほか、森鴎外も住んでいた。この家は保存のため、愛知県犬山市「博物館明治村」に移築された。猫用のくぐり戸もあり、猫への思いやりも垣間見える。

漱石公園 概要

夏目漱石が明治40年（1907年）～大正５年（1916年）の逝去まで晩年を結んだ地である。『吾輩は猫である』のモデルとなった猫が亡くなったのは、『三四郎』を執筆している頃であった。漱石没後、遺族により土地・建物が購入された。関東大震災により建物が一部損傷し、移設を検討するも、東京大空襲で全焼して失われた。その後、土地は東京都に譲渡され、昭和51年（1976年）に区立漱石公園が開設された。平成29年（2019年）に漱石山房記念館が建設され、公園内も同時に整備された。

＼ここがみどころ！／

漱石公園は新しくなったばかり！　吾輩の気分に浸りに散歩してみては？

アクセス＆周辺の観光名所

所在地

東京都新宿区早稲田南町7

アクセス

- 東京メトロ早稲田駅1番出口より徒歩10分
- 都営大江戸線牛込柳町駅東口より徒歩10分

周辺の観光名所

- 漱石旧居跡：35分
  漱石公園（徒歩）～牛込柳町駅（都営大江戸線・飯田橋・両国方面・光が丘行き）～春日駅（都営三田線・高島平行き）～白山駅
- 東京大神宮：20分
  漱石公園（徒歩）～早稲田駅（東京メトロ東西線・西船橋行き）～飯田橋駅

ねこや（三味線専門店）

三味線と亀五郎の看板猫

絵図

東京メトロ丸ノ内線・四谷三丁目の駅前から東に進むと、街並みの中に三味線を担いだ猫の絵が溶け込んでいた。三味線専門店ねこやは、新宿にほど近い、都会の真ん中に店を構えている。

古くから三味線には猫の皮が使われてきた。歌舞伎などの日本芸能を本職とする弾手は猫皮を用いた三味線を求めるが、現在では猫皮を使った三味線はごく一部だという。大衆向けには合成皮革や輸入した犬皮など、ほかの動物の皮が使われるそうだ。肉食

店舗正面

吉田亀五郎の看板猫
亀五郎最後の作品。

動物である猫は獲物から反撃を受けやすい。身を守るため強くなった皮膚は薄く延ばしやすく、音に張りが出るという。近年では猫皮の入手が困難となり、食用とされるカンガルーの皮を使うなど試験的な挑戦も進められている。

そんな三味線とかかわりの深いねこやを見守ってきた看板がある。こちらを紹介する。

亀五郎最後の看板猫

店内のショーケースには、様々な三味線が立ち並ぶ。その中から、古い鏝絵（こてえ）の猫が怪訝そうにこちらを覗いていた。これは吉田亀五郎の最後の作品で、ねこやの看板であった。

鏝絵（こてえ）とは漆喰で作られたレリーフのことで、左官（壁塗り職人）が壁塗りに使う鏝で絵を描いたものである。歴史は古く、高松塚古墳にも見られる。従来は建物の外観の模様とされていたが、江戸時代中期に名工「伊豆の長八」と名を馳せた入江長八により、室内芸術品に昇華された。ねこやの鏝絵猫を作成したのは、入江長八を師とする左官、吉田亀五郎である。亀五郎は弘化元年（一八四四年）に生まれたが、成人前に母を亡くし、奉公に出された。左官に奉公するかたわら、狩野派の絵画を学び、入江長八に師事したという。新宿歴史博物館の記録によれば、ねこやの看板猫は亀五郎から贈られたものだという。これは亀五郎が最後に作成した、七十八番目の作品であるという。

怪訝そうな顔でこちらを覗き、すぐ逃げられるような体勢で、来客時にはすぐに姿を消す、そんな猫らしい猫が描かれている。

ねこやの店主も猫好きで、これまで一緒に暮らしてきた猫はすべて、三味線寺大信寺の猫塚へ手厚く葬られている。

ねこや看板（現代）

ねこや 概要

店主いわく、文久２年（1862年）から続いていると言い伝えられている。しかし、曾祖父の代にねこやという屋号に変えたと言われ、最初から三味線屋であったかどうかは不明らしい。大正13年（1924年）の『最近東京市商工名鑑』に「三味線 ねこや 熊沢富十郎 四谷区伝馬町三丁目二十三番地 」の記載がある。

\ここがみどころ！/

三味線製造日本最大手の東京和楽器が廃業との報道があった。しかし、存続を求める声が続々と上がり、その支援活動が広がっている。伝統芸能文化の灯を絶やさないために、この伝統楽器にもっと注目しよう！

アクセス＆周辺の観光名所

所在地

東京都新宿区四谷 3-6-1

アクセス

- 東京メトロ丸ノ内線四谷三丁目駅4番出口より徒歩1分

周辺の観光名所

- 新宿御苑：徒歩11分
- 新宿駅：電車5分
  ねこや（徒歩）～四谷三丁目駅（東京メトロ丸ノ内線・荻窪行き）～新宿駅
- 大信寺：電車30分
  ねこや（徒歩）～四ツ谷駅（東京メトロ南北線・日吉行き）～白金高輪駅
- 歌舞伎座：電車15分
  ねこや（徒歩）～四谷三丁目駅（東京メトロ丸ノ内線・池袋行き）～銀座駅（東京メトロ日比谷線・北千住行き）～東銀座駅

わねこらむ①

リアル猫娘まつ

猫娘といえば、『ゲゲゲの鬼太郎』のヒロインを思い浮かべる。この猫娘は高い脚力、鋭い爪牙（そうが）、超感覚など猫の特徴を持つ半妖とされ、ねずみ男の天敵として描かれる。魑魅魍魎が跋扈した江戸時代、水木しげるが猫娘のモデルとしたと疑うような子どもが存在した。『安政雑記』にその逸話が残されている。

嘉永三年　牛込横寺　長五郎店　清吉　四十一歳
同人妻　きん　四十歳位
娘　まつ

このまつが剃髪後、猫坊主と異名をつけられた。

清吉は一昨年、牛込御納戸町の里、俗に墓町と呼ばれる所に住んでいたが、翌年六月に長五郎店より引っ越してきた者である。妻のきんは清吉と夫婦になる以前、武家方に奉公していた卯之助という者の妻であった。まつの出生後、卯之助方と離縁となり、六、七年前にまつを連れて清吉方へ嫁入りした。しかし、まつには知的障害があり、普通の子どもと様子が異なっていた。

まつは墓町に住んでいた頃から、掘、塀、垣根に駆け上り、床下へもぐり、鼠を手掴みで捕らえ、はらわたとともに食べていた。さらに、長屋等で鰯の頭やはらわたが捨ててあれば、これも食べてしまった。いつも遊んでいても、屋根ひさしに少しでも捕まることができれば、駆け上がってしまった。その様子は早業であった。鼠を見つければ、たちまち捕らえに行こうとするので、両親はことごとく心配した。癇症であるかもしれないと治療を試み、神仏へ祈願しても止めることはできなかった。近所の子どもに混ざって遊んでいるとき、まつを犬の所に連れていくと、ひどく恐れて泣いてしまう。そのため、皆、猫小僧と呼ぶようになった。

鼠を捕らえるところを両親が見つけると、まつをしかりつけたり、縛り付けたり、厳しくお仕置きをしたが、それでも奇行は止まなかった。やむを得ず、去る十一月に音羽町三丁目の尼僧方へ弟子として差し出した。剃髪しても、やはり行動は変わらず、いまだに魚類のはらわたなどを拾っていた。そのため、仏門の教義にあるまじき行為とされ、五月十七日頃、尼僧方より返され、また両親と同居することになった。

しかし、両親の目を忍んで屋根などに登るため、近所の者たちは鼠を捕ってくれるようにお願いするようになった。しかし、両親にしかられるから嫌だと言い、承知してくれなかった。ただ、いくらかの銭を与え、親に決して知らせないと伝えると、その場より直ちに町の家々、床下、ゴミ捨て場に行き、鼠を捕った。

一方、長屋や塀近辺に住む子どもと喧嘩し、棒を持って追いかけられると、まつは素早く塀、屋根に登った。その様子を不思議に思い、人々は深い因縁によって猫の生を受けたのだろうかと噂していた。

音羽町に返されてからはなおさら両親より厳しく申しつけられ、外へ出さぬようにされていたが、いまだに鼠を捕っているそうだ。

この話と関連して、『藤原屋日記』には句が一つ残されている。

戌七月
猫ばばに隠せど音羽ぱっとたつ
　　にゃんと因果が子に報ひしや

この猫娘から学ぶことは多い。人が猫でないことと同様に、猫は猫、人は人であるべき。猫を人のように扱うことは、猫にとって必ずしも幸せではない。猫のことをよく知って、猫が快適な接し方を学んでほしい。

第4章 中野区・練馬区

源通寺
サンツ中村橋商店街

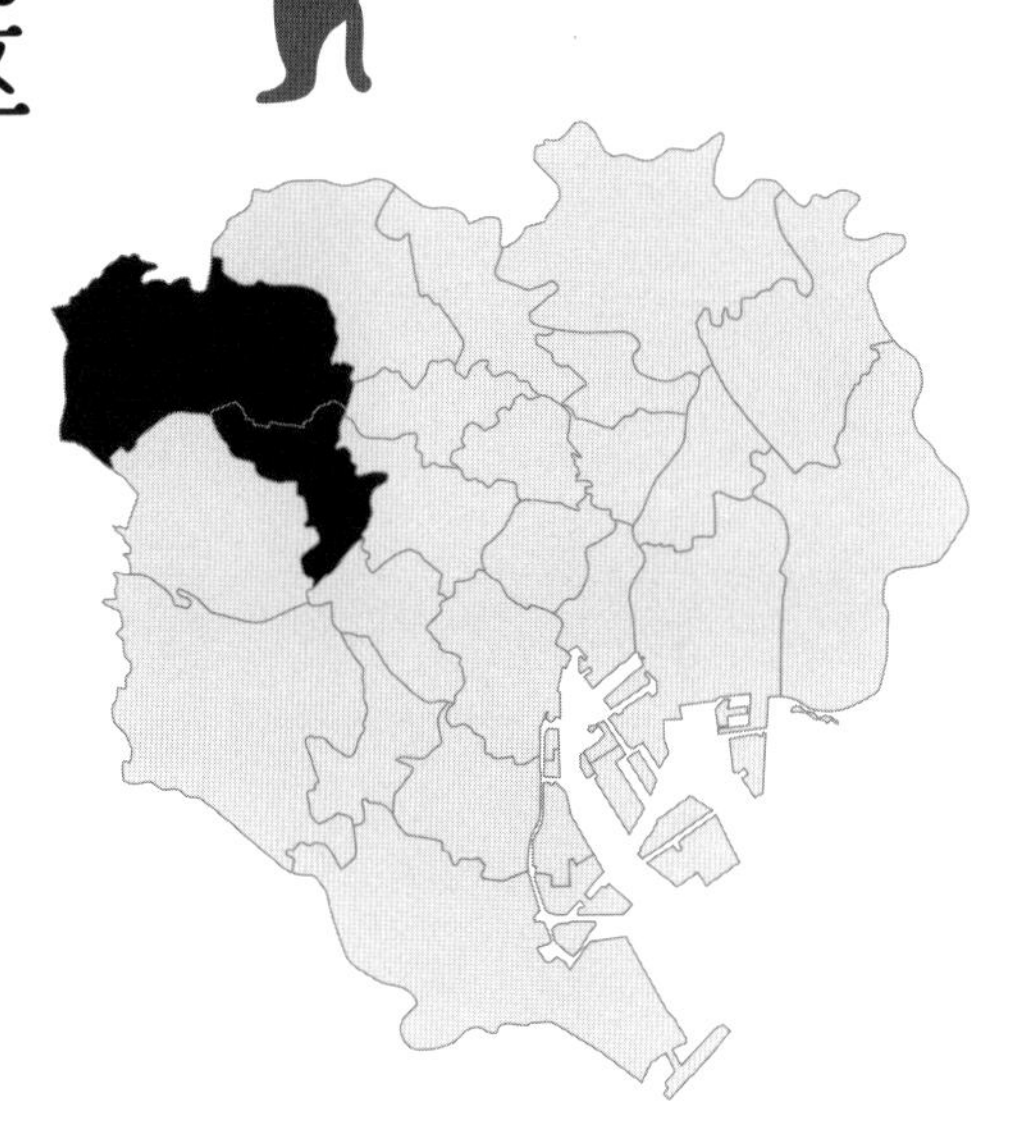

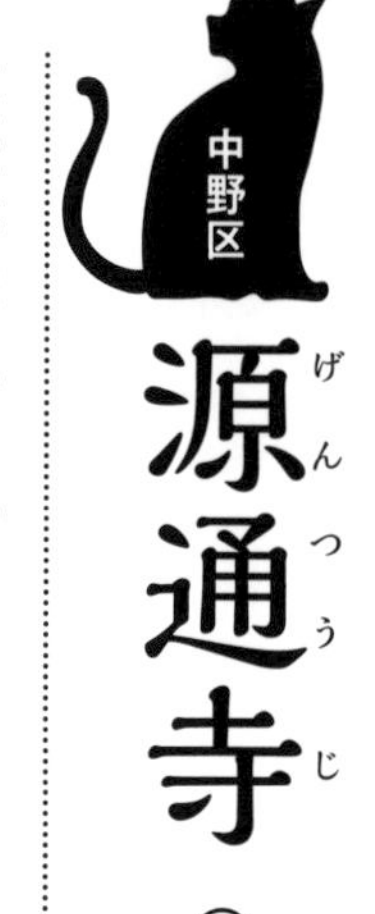

源通寺（げんつうじ）

（真宗大谷派）

歌舞伎作家の猫は鼠と仲良し

生涯にわたり、三六〇もの歌舞伎を残した河竹黙阿弥は、ここ源通寺に眠る。歌舞伎界の人格者として名高く、穏やかでありながら、芯の通った人物であった（河竹繁俊『河竹黙阿弥』）。黙阿弥が猫好きであったことはあまり知られていない。寺の関係者の話では、娘の糸も猫好きであったという。黙阿弥と糸が愛した黒猫の太郎は、今も飼い主とともにあった。

本堂

河竹家墓所
黙阿弥と糸(正面右)、繁俊一族（正面左)、初代河竹新七(入口右)、愛猫・太郎の碑(入口左)。

黙阿弥の愛猫・太郎の碑

源通寺奥の墓地入口に河竹家の墓がある。入口正面右が黙阿弥と糸、左が糸の養嗣子の繁俊一族の墓である。その墓内の左手前、茂みに姿を隠す猫のように、太郎の碑が建てられている。石碑には次のように刻まれている。

河竹黙阿弥愛猫塚　糸建立
十九年わずか二日の初夢を
見果てぬ猫の名も太郎月

猫の命日が明治十九年（一八八六年）一月二日であり、猫の名前と太郎月（一月の別称）が掛けられていて、風情がある。初夢を見られなかった猫への悲しみが伝わるかのように感じる。ただ、お寺の話では遺骨は入っていないという。

河竹繁俊『河竹黙阿弥』によれば、千匹に一匹と言われる真正の烏猫（からすねこ）で、毛から爪先まで真っ黒な雄猫であったそうだ。当時、烏猫は火災除け、商売繁盛のご利益があると信じられていたため、重宝されていた。飼っていた熊猫ちいから生まれた太郎は、毎日のように焼ハゼ、蛸の足を与えられ、七、八匹いた猫の中でも特にかわいがられていた（生蛸はビタミンB1欠乏の毒性がある）。魚も本場物と場違いを区別でき、場違い物には見向きもしなかったようだ。

黙阿弥は子年であったため、鼠もかわいがっていた。猫には鼠を捕まえたり、追いかけたりしてはいけないと諭すほどであったそうだ。鼠は飼っていたわけではないが、わざわざ毎晩ご飯をお盆に乗せて、鼠穴のある棚へ供えていた。恩を感じるならば、火事のあるときは立ち去って知らせよと命じていると、家が半焼けになったときには二日前から鼠の姿が見えなくなり、事前に家財を片付けることで被害を抑えられたそうだ。

愛猫・太郎の碑

黙阿弥は華美な作風に反して、質素であった。墓石には線香ではなく、一枚の樒（しきみ）の葉で水を手向けてほしいと遺言した。そのため、香炉や花立が墓前に添えられなかった。お参りするときには寺内で樒を購入し、墓前に添えることができる。

源通寺 概要

『浄土真宗東派明細簿』によれば、祐尊（小笠原甚五衛門長隆）を開基とし、慶長15年（1610年）に花笠村（現在の神田）に源通寺を建立したのが始まりとされる。阿弥陀仏但木像を御本尊とする。明暦３年（1657年）１月18日の「振袖火事（明暦の大火）」により焼失したため、同年４月に浅草松清町へ移転したが、文化３年（1806年）に再び焼失した。寺内の沿革によれば、明治41年（1908年）に現在の中野区上高田へ移った。

＼ここがみどころ！／

碑の句はいまだはっきりと読み取れる。河竹家に倣い、樒の葉を供えて忍んでみてはいかがだろうか？

アクセス＆周辺の観光名所

所在地

東京都中野区上高田 1-2-7

アクセス

●JR・都営大江戸線東中野駅西口より徒歩7分
●東京メトロ東西線落合駅２番出口より徒歩６分

周辺の観光名所

●新宿駅：🚉15分
源通寺（徒歩）〜東中野駅（JR総武線・津田沼行き）〜新宿駅

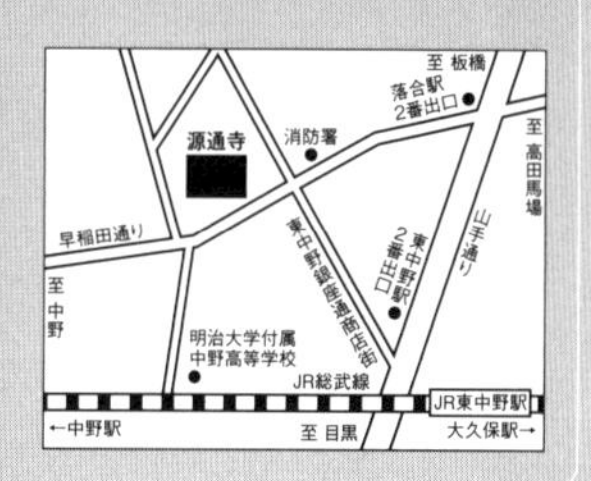

サンツ中村橋（なかむらばし）商店街（しょうてんがい）

街を救う現代の猫物語

二〇二〇年から蔓延した新型コロナウイルス感染症は多くの傷跡を残している。目に見えない敵にいつ感染するか恐怖し、収束も見えず、明日の見えぬ暮らしに不安を覚える。中には職を失い、生活もままならない人もいることだろう。

そんな状況下、猫に救われた人も多いのではなかろうか。テレワークが普及する中、猫が邪魔して仕事ができないと、にやける飼い主もいたようだ。筆者は、関連施設への取材、図書館での文

商店街

猫飛像（商店街）

猫飛像（駅前）
猫も感染予防が大切。

献収集など、ことごとく妨げられ、本書出版の危機に陥ってしまった。そんな不安を和らげてくれて、寄り添ってくれたのが我が家の猫たちだった。

　現代では心の支えとなってくれる猫たちだが、昔から窮地に陥った飼主を必死に支えた猫がいた。サンツ中村橋商店街では、この猫の報恩譚を商店街ぐるみで今に伝える。

猫飛（にゃんぴー）の恩返し

　商店街にある金色の猫飛（にゃんぴー）像には、次のような昔話が語られている。

　これは、この地域が上練馬村と呼ばれていた頃のお話。権兵衛は千川上水の中村橋にて練馬大根を洗っていると、川上から何か流れてくるのを見つけた。おぼれかけた一匹の猫であった。権兵衛は持っていた練馬大根で猫を引き寄せ、川から救い出した。その後、権兵衛は猫に「猫飛（にゃんぴー）」と名付け、手元に置いて暮らすようになった。

たいへんかわいがって暮らしていたが、ある日、猫飛（にゃんぴー）は突然姿を消してしまった。権兵衛はたいへん心配したが、元の飼い主のもとへ帰ったのだと考えるようになった。

それから数年が経った頃、権兵衛は足を負傷してしまった。仕事ができず、収入が途絶えてしまい、たいへん困惑していた。そんなある朝、納屋の前に小判が一枚落ちているのを見つけた。不思議に思ってあたりを見回すと、小判のまわりには猫の足跡がついていた。これは権兵衛の窮地を知った猫飛（にゃんぴー）が恩返しに小判を届けてくれたのであった。

権兵衛はこれに涙を流して感謝し、窮地を逃れることができた。

以来、この話は猫の報恩譚として、中村橋の地に語り継がれるようになった。

豪徳寺しかり、各地に伝わる猫伝説は住職の法力や寺・神社の霊験を宣伝するため、寺院・神社自身が積極的に流布してきたものも多い。ここサンツ中村橋商店街はほかの猫伝説と比べれば若いが、現代に新たな猫伝承を生み出した。猫飛（にゃんぴー）伝説は商店街活性化のため、「千川上水」や「練馬大根」をモチーフにした創作物語として誕生したそうだ。

今でこそ政府による生活保障の恩恵に預かれるが、江戸時代には十分な支援制度はなかっただろう。仕事ができなくなれば収入が途絶え、窮地に陥る商人も多かったようだ。現代でも、天災や感染症、その他経済危機で職を失い、明日の収入も不安な日々を送る人も多い。そんな折、猫を大事にしていた人の中には、猫に救われた人もいたかもしれない。

経済危機に陥るたび、商店街の窮地を救うため、猫飛（にゃんぴー）は何度でも立ち上がるだろう。筆者も、本書が地域活性化に役立ち、窮地に陥った全国の神社、寺院、観光地や飲食店の助けになることを切に願う。猫好きな読者も人を助けると思って、ここはひとつ散歩がてら、サンツ中村橋商店街に足を延ばしてみてはいかがだろうか。

執筆に困っていると、いつも猫が寄り添ってくれた。筆者も猫のおかげで本を書くことができている。寄り添ってくれるだけでも恩返し。猫たちに感謝。

サンツ中村橋商店街 概要

サンツ中村橋商店街のホームページによれば、大正13年(1924年)の中村橋駅の開業に伴い、中杉通り沿いに立ち並んだ商店街から始まった。戦後に東西南北の商店街が合併して中村橋商栄会が結成され、会員の拡大に伴い昭和40年(1965年)に「中村橋駅前通り商店会」となり、平成３年(1991年)に法人「サンツ中村橋商店街振興組合」を創立した。猫飛(にゃんぴー)夕市や阿波踊りなど、年4回のイベントを催している。

マスコットキャラクターの猫飛(にゃんぴー)は2000年2月22日に誕生した。しっぽを触るといいことがあると言われる。ニャンピーベンチは商店街に３つある。

＼ここがみどころ！／

中村橋駅前では猫飛(にゃんぴー)の像が見られる。中村橋駅前広場と商店街通りには黄金の猫飛(にゃんぴー)がいるよ！

アクセス＆周辺の観光名所

所在地
東京都練馬区貫井１丁目

アクセス
- 西武池袋線中村橋駅周辺

周辺の観光名所
- 練馬区立美術館：中村橋駅下車：3分
- 練馬区立向山庭園：10分
  中村橋駅（西武池袋線・新木場行き）〜練馬駅（西武豊島線・豊島園行き）〜豊島園駅
- 練馬白山神社：10分
  中村橋駅（西武池袋線・新木場行き）〜練馬駅

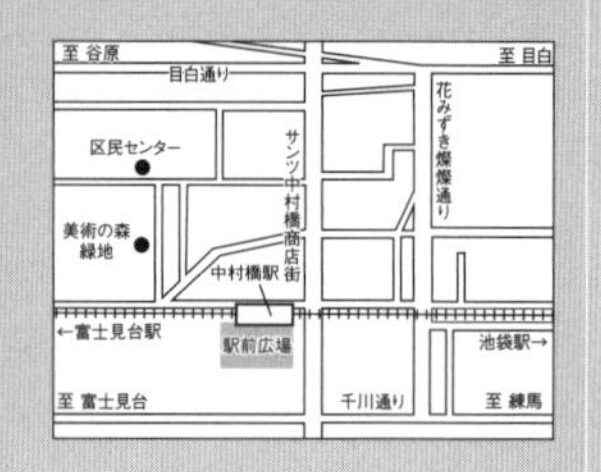

第5章

港区・中央区

美喜井稲荷神社
大信寺
増上寺
有馬家上屋敷跡
三光稲荷神社

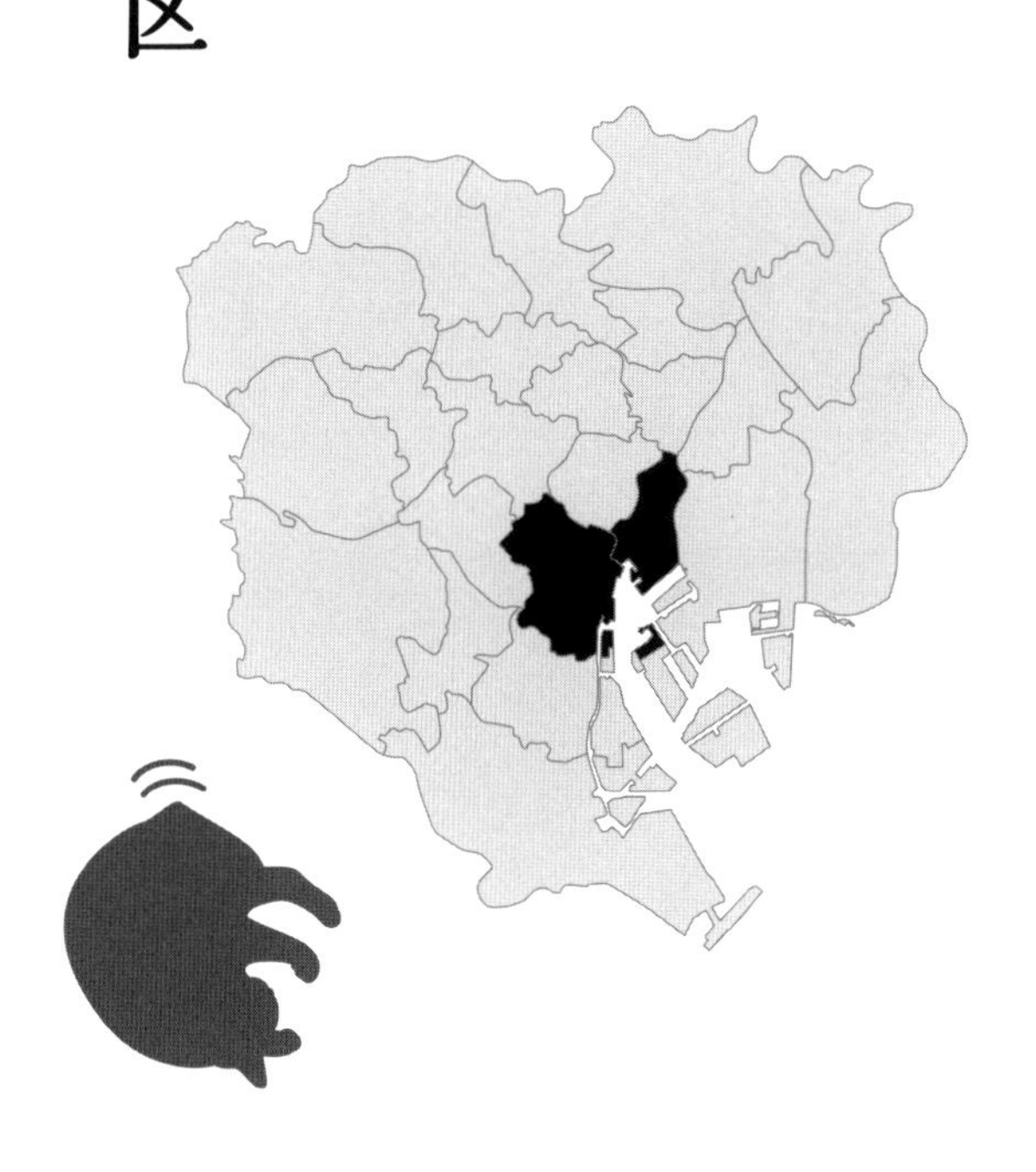

美喜井稲荷神社（みきいいなりじんじゃ）

（主祭神：美喜井ちゃん）

うちの猫様、猫神様

一般社団法人ペットフード協会の調べによれば、お猫様のしもべは約五五〇万世帯いるようだ。今日もセッセと食事を用意し、トイレを掃除し、主の座布団として励んでいることだろう。

ここ赤坂には、主人を崇めるだけではなく、神様として祀って社まで建ててしまった方がいた。ここではインターネットでは得られない、貴重な猫稲荷の情報を提供しよう。

拝殿

正面

蟇股（かえるまた）左

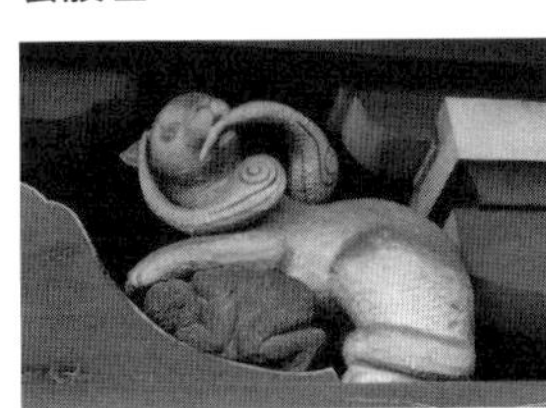
蟇股右

火事を知らせた猫「美喜井ちゃん」

美喜井稲荷の御祭神は、社主であった生駒巴代さんの愛猫「美喜井ちゃん」である。戦前に赤坂で商売をしていたときに一緒に暮らしていた。当時、生駒さんはミッキーマウスが好きだったため、美喜井と名付けたそうだ。その名が神社名の由来となった。ちなみに、宗教法人名簿には「美安温閣」と登録されているが、これも「みゃおんかく」と読み、猫の鳴き声「みゃお~ん」からきている。相当な猫好きだったはずだ。

　この美喜井ちゃんを祀りはじめたのは、お告げがあったからだ。稲荷の社主の話によれば、戦前、紀尾井町で美しい麗人が現れ、社主に次のように告げたそうだ。「祠を護り、自身を祀ってくだされば、幸運を招く」と。この猫が美喜井ちゃんで

美喜井ちゃんの眷属（けんぞく）・白猫さん
長らく鎮座していた猫像の老朽化により、眷属の象徴として新しく建てられた。

あったようだ。美喜井ちゃんは猫の形を借りた高位の神様で、比叡山から降臨されたという。その後、この話を裏付けるような出来事が起こる。

雑誌『キャットライフ』第二号（一九七二年）にその記事が紹介されている。

ある日、生駒さん宅が火事となった。女中が炊事中に居眠りをし、炊きすぎた米が発火、大惨事となった。生駒さんは就寝中であったが、美喜井ちゃんが耳元で盛んに鳴き、生駒さんに火事を知らせたそうだ。目が覚めると、あたり一面、煙でもうもうとしている。命からがら逃げ出し、おかげで命拾いすることができた。しかし、あたりに美喜井ちゃんは見当たらない。残念ながら、火事の犠牲となってしまった。身を犠牲にして、生駒さんを救った。

その後、この女中は毎晩二時頃、夢枕に猫が立ち、うなされるようになった。生駒さんは、さては美喜井ちゃん、と目星をつけて神社に祈った。すると、嘘のように止まったそうだ。

猫の額ながら、境内には「この神様を信仰される方は何事も心配ありません」とある。これは、美喜井ちゃんがどんな願い事も叶えてくれることを伝えている。過去には火事など災難から守ってもらえること、病気も快癒し、健康になること、三年間信仰した方は必ず開運するとも伝えていた。ただし、蛸は猫に消化不良を起こすという理由から、美喜井ちゃんを信仰する者には蛸を食べることを禁止している。

諸大眷神

現在でも毎月二十八日には普門寺（山梨県都留市上谷）から斎主をお呼びし、欠かさずお祀りしている。ちなみに、こちらの斎主は当社前にある豊川稲荷典座職を務めていた。こちらも当時は多くの捨て猫を保護し、猫稲荷と呼ばれていたそうだ。

現在、美安温閣一階には、とらや赤坂店もある。羊羹片手に、今昔の猫稲荷をお参りしてみてはいかがだろうか。事前に蛸を食べないようお気をつけるように。

美喜井稲荷神社 概要

東京都宗教法人名簿によれば、美安温閣は昭和35年(1960年)5月18日に設立登記された。斎主を務める普門寺(山梨県都留市上谷)のご住職の話によれば、赤坂浄土寺の援助を受け、法人成立に至った。現社主の義姉にあたる先代は花柳界に縁が深く、美喜井稲荷の信者は清元・常磐津等の関係者、および赤坂の遊女が中心であったという。実際、境内の灯篭には常磐津清勢太夫の名が見られる。三味線に猫皮を使うことから、猫の供養を目的に参拝していたと考えられている。神社自体は昭和61年(1986年)にとらやの入った後ろのビル・美安温閣とともに設計され、現在の形となった。御祭神は当時の社主の愛猫「美喜井ちゃん」を祀る。

\ここがみどころ!/

拝殿前には新しくなった猫像が座っている。見上げれば、蟇股にも2匹のにゃんこ。蛸を食べないでお参りしよう!

アクセス&周辺の観光名所

所在地
東京都港区赤坂4-9-19

アクセス
- 東京メトロ銀座線・丸の内線赤坂見附駅より徒歩10分

周辺の観光名所
- 豊川稲荷神社:徒歩2分
- 赤坂御所:徒歩25分
- 赤坂サカス:徒歩11分

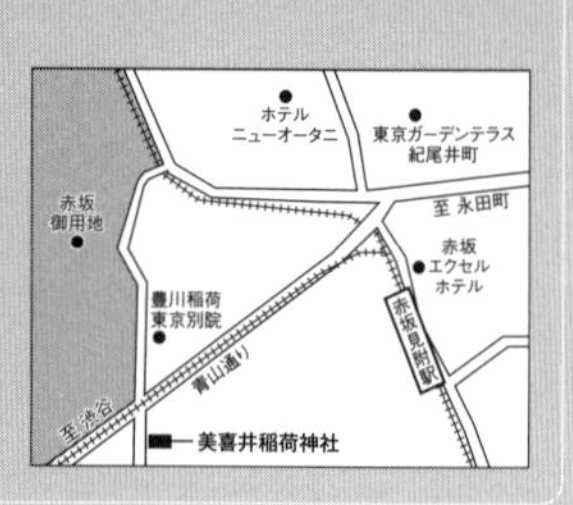

大信寺（だいしんじ）

（浄土宗）

駒のつなぐ猫と音

　ここ大信寺は三味線寺として名高い。三味線は古くから日本の伝統芸能を支えてきた楽器で、その音は猫の皮を使うことで完成された。これが歌舞伎音楽の要となり、その人気に火が付いた。歴史的文化の視点から、猫は歌舞伎の立役者と言えるだろう。

　しかし、三味線には多くの猫の皮が使われてきた。ここ大信寺の愛猫塚は三味線に使われてきた猫たちを供養している。

本堂

愛猫塚

猫犬供養もしている

ねこやの愛猫・駒の墓

愛猫塚は、大信寺裏手の墓地奥にひっそりと佇む。四谷三丁目にある三味線専門店「ねこや」の看板猫・駒の墓である。今では駒だけではなく、ねこやで飼われた代々の猫たちが手厚く葬られている。ねこやのご主人いわく、猫がいなければ成り立たない職業だからこそ猫を大切に飼っている。死後も手厚く供養するため、曽祖父が建立したという。この愛猫塚のつながりで、ねこやでは三味線に使われた猫の供養も昔から継続している。毎年、ねこや主人が個人で取り仕切るが、寺の年行事となっている。

愛猫塚の裏には猫の戒名だろうか、

紘月軒浄駒異生　大正十四年十月六日没
四谷区傳馬町　ねこや飼猫　駒チヤン

石村家墓地

三味線製作の始祖、石村近江の供養も行われている

行年七年六ヶ月
施主　熊沢富十郎

と刻まれている。

猫と三味線

一方、初代三味線製作者である石村近江の供養も隔年で行われている。こちらは東京邦楽器商工業協同組合によって供養が続いている。三味線は胴の表裏両面に皮が張られる。猫では腹部の皮が使われるため、未経産の雌猫、特に三毛猫が好まれる。しかし、出産を経験した猫ではたちどころに音が悪くなるという。発情が二～三回程度の若い元気な雌猫の皮はどんなに引っ張っても破れないとまことしやかに言われるそうだ。

三味線の弦の響きを皮へ伝える部品を「駒」という。愛猫塚の駒の名前はここからきているのだろうか。主人が猫も三味線も大事にしていたことが垣間見えた。

隣の箏教室には野良猫も

御朱印
三味線寺らしい印が押されるようになったのは最近になってから。

大信寺 概要

寺内で発行している『三味せん寺の由来』によれば、慶長16年(1611年)、開山涼公上人が江戸幕府から寺領を賜り、南八丁堀に一棟を建立したことに始まるとされる。江戸城の拡張のため、寛永12年（1635年)に現在の三田へ移転した。明暦、弘化の時代に大火に見舞われ、記録が失われた。そのため、三味線の始祖である石村近江と寺のつながりはわかっていない。

\ここがみどころ！/

駒の猫塚には開運、厄除けのご利益もあるとか!?　ぜひお参りして♪

アクセス＆周辺の観光名所

所在地

東京都港区三田4-7-20

アクセス

●東京メトロ南北線白金高輪駅２番出口より徒歩３分
●都営浅草線・京急本線泉岳寺駅A3出口より徒歩９分

周辺の観光名所

●東京タワー：10分
大信寺（徒歩）～魚籃坂下バス停（東急バス・東 98、等々力操車所ー東京駅南口行き）～東京タワーバス停
●歌舞伎座：15分
大信寺（徒歩）～白金高輪駅（都営三田線・西高島平行き）～三田駅（都営浅草線・印旛日本医大行き）～東銀座駅
●ねこや：25分
大信寺（徒歩）～白金高輪駅（東京メトロ南北線・浦和美園行き）～四ツ谷駅

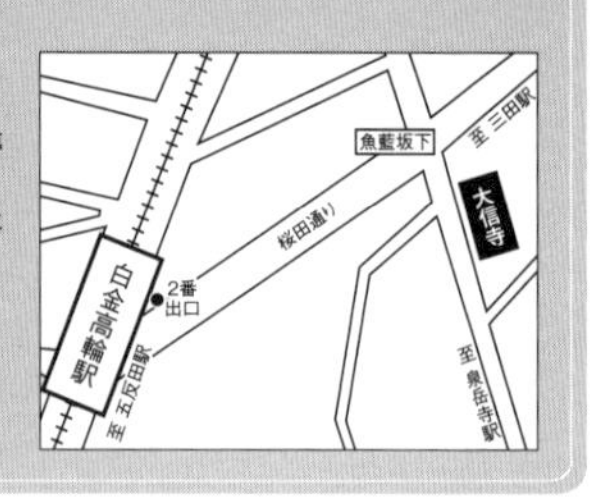

増上寺（浄土宗）

仏にすがるしゃべる猫

しゃべる猫　化け猫

本堂

「まぐろうまいにゃ〜」とか「おかえり」なんてしゃべる猫は現代では人気者で、たびたび猫界を賑わせる。猫と会話することは、飼い主にとって一つの夢なのかもしれない。近年、心拍情報から猫の感情を光で表す「ネコパシー」の開発が進んでいる。これは心拍情報から猫の感情を分析する製品となる。犬用の「イヌパシー」はすでに製品化し、飼い主を楽しませている。

猫が話したという逸話は寺院・文献に残されている。しかし、江戸時代ではしゃべる猫など、恐怖の対象でしかなかったようだ。増上寺内にかつて存在した徳水院、そこにしゃべる猫が現れた話が『新著聞集』に書かれている。

🐾猫、人のために語る

江戸増上寺の脇寺の徳水院に、長らく飼われていた赤猫がいた。あるとき、梁の上で鼠を追い回していると、なんとしたことか足を踏み外し、梁の下に落ちてしまった。猫は「南無三法!」と大声で叫ぶと、それを聞いた人々は「猫又に違いない。残念な化け様だ」と言い立てた。それを聞いた猫はどこかへ逃げ、それから姿を見なくなった。元禄年中(一六八八~一七〇四年)のことである。

徳水院跡地
現在は駐車場になっている。

三法とは、仏、法、僧を意味する仏教用語である。仏様に帰依し、救いを求める言葉である。別の宗教ではオーマイゴッドに相当するだろうか。仏教では仏陀涅槃（ぶっだねはん）は猫が起こしたとか、鬼に作られた魔物であると悪者にされがちだが、猫自身は仏にすがるのが面白い。それにしても、足を滑らせ身バレする抜けた姿は何とも憎めない。

そんな姿に思いを馳せ、東京タワーを見上げるかたわら、今はなき徳水院の跡地に足を運んでみてはいかがだろうか。あるいは、タワーのガラス床から「南無三法！」と猫の気持ちを味わうのも一興かもしれない。

東京タワー
南無三宝！ と叫びたくなる。

増上寺 概要

明徳４年（1393 年）に酉誉聖聡（ゆうよしょうそう）上人が浄土宗正統根本念仏道場を建てたことが始まりと伝えられている。もともと江戸貝塚（千代田区平河町付近）にあったが、慶長３年（1598 年）に現在の地へ移り、のちに徳川家の菩提寺となった。増上寺の三解脱門（さんげだつもん）を東に下り、東京電力のある通りを南に進むと、左手に駐車場が見えてくる。かつて、そこには増上寺の脇寺であった徳水院があった。

\ここがみどころ！/

残念ながら、徳水院はすでに廃寺となった。増上寺の雄大さを感じ、東京タワーから徳水院のあった場所を眺めてみては？

アクセス＆周辺の観光名所

所在地
東京都港区芝公園4-7-35

アクセス
- 東京モノレール・JR浜松町駅北口より徒歩10分
- 都営三田線御成門駅A1出口より徒歩３分
- 都営浅草線・大江戸線大門駅より徒歩５分

周辺の観光名所
- 東京タワー：6分
- 浜離宮恩賜庭園：15分
  増上寺（徒歩）～大門駅（都営大江戸線・両国・春日方面・都庁前行き）～汐留駅
- 六本木ヒルズ：10分
  増上寺（徒歩）～神谷町駅（東京メトロ日比谷線・中目黒行き）～六本木駅

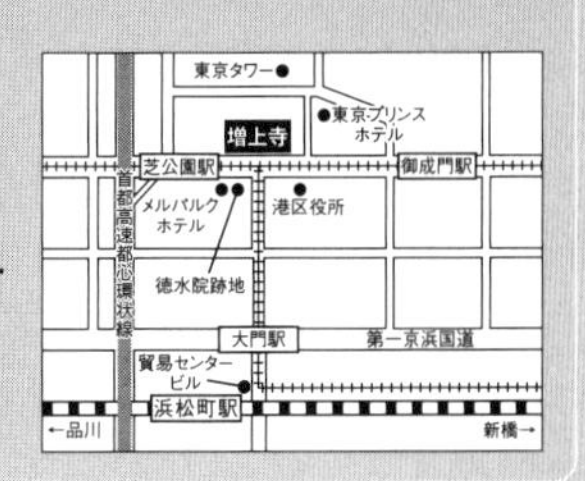

有馬家上屋敷跡（ありまけかみやしきあと）

与太話から化け猫騒動

化け猫

猫塚・猫石

猫を飼っていれば、どの家庭でもドタバタ喜劇が生まれるだろう。家に帰ればカリカリ袋が食い荒らされ、ティッシュは散乱。犯人は悪びれもせず毛づくろいをしていたりする。そんな経験のある飼い主も多いだろう。

猫と暮らして数十年、これは筆者が子どもの頃の話。田舎猫ながら、外に遊びに行くことが大好きな猫がいた。あるとき、他所猫と喧嘩して怪我が化膿し、動物病院に連れていくことになった。

猫塚全体

ご飯だよ～と外に叫ぶと、いつもダッシュで帰ってくる我が家の愛猫「クリ」。その日もいつものように腹を空かせて、けたたましく帰ってきた。しかし、母の手にはキャリーバッグ。それを見たときの猫の絶望した顔といったら。

手足を突っ張り抵抗する猫を連れ出すが、動物病院の駐車場でまさかの脱走。茂みの中に潜ってしまい、どこへ行ったか見当もつかない。院長、動物看護師、ほかのお客さんも心配して茂みをかき回すがその奥に行くばかり。一時間ほど静かにしていると、心細くなったクリが「にゃあん」と出てきて事なきを得た。これが我が家最大の猫騒動。皆様はどんな猫騒動エピソードをお持ちだろうか。

歴史的な猫騒動といえば、有馬、鍋島、岡崎の猫騒動が有名だ。岡崎の猫と言われる「独道中五十三駅」（四世鶴屋南北、文政十年、一八二七年）を皮切りに、鍋島の猫「花野嵯峨猫魔稿」（三世瀬川如皐、嘉永六年、一八五三年）、有馬の猫「有松染相撲浴衣」（河竹黙阿弥、明治十三年、一八八〇年）が歌舞伎で人気を博した。これら合わせて、日本三大猫騒動と呼ぶ。

かつて、港区三田一丁目四番地付近は久留米藩主、有馬家の上屋敷であった。いまでも、猫騒動の猫が関連する猫塚の台座を見ることができる。土地をまたぎ、本体となる猫塚も隣接する。

まずは「有松染相撲浴衣」より、有馬の猫騒動の概要を紹介しよう。

有馬の猫騒動と猫塚

お巻の弟、与吉が浅間家の奥方、「操の前」に大金で蜆を買ってもらったことから物語が始まる。姉として、お巻はお屋敷までお礼を申しに行くと、叔父の重左衛門に出会った。彼は母お道の弟で、母が目を患っていることを伝えると、親身にも眼病の薬代を渡してくれた。そこへ浅間の太守がお忍びから帰ってきた。お巻はすぐに太守に見初められ、召し抱えられることとなった。

あるとき、太守の酒宴の席で小野川喜三郎の相撲を酒の肴にしていると、犬に追いかけられた猫が飛び込んできた。猫は肴の皿に飛び込み、そのまま太守の肩に駆け上がった。太守が小野川に打ち殺せと命じたところ、お巻は不憫に思い、太守の仰せつけを制し、猫の慈悲を求めた。猫が頭を垂れて伏せ震える様を見て、太守はこれを許し、猫は命拾いした。

その翌日、太守のお気に入りであった小野川と雷電為右衛門による相撲の取組が決まった。以前、浅間屋敷の同胞が雷電の閂(かんぬき)により腕を折られた因縁があり、小野川は雪辱を晴らす期待を一身に受けていた。小野川と雷電は日頃より兄弟のような仲であったが、お互いにお抱え屋敷の名を汚さぬよう、真剣勝負をすると誓い合った。

またあるとき、お巻は歌会の催しに花のお題を承った。浅間家奥庭にて、下の句はしたためたものの、上の句に悩んでいた。いつの間にか眠りに落ちると、夢の中にある男が現れ、上の句を読み上げるのだった。なぜこの庭へ入れたか尋ねると、命を救ってくれた礼を言うため、仮の姿にて庭に現れたのだと言う。さては小野川殿のときの……と言いかけたところで目が覚めた。不思議に思っていると、お巻の召使い、お仲が現れた。その手には、以前助けた猫が抱えられていた。下の句が書かれた短冊を眺めてじゃれていたという。化け猫かもしれぬと飛び退くお仲を他所に、お巻は猫を拾いあげ、かわいいと愛でた。

猫塚の台座

さて小野川と雷電の取組、小野川はあっさり押し出されてしまった。小野川の母は息子の代わりにと自害してしまった。しかしその甲斐叶わず、小野川は屋敷の出入りを禁止された。それを知った雷電は気の毒に思い、祝勝会を早々に切り上げた。

帰宅する途中、自害した母お浅を想い、小

野川が遺恨ゆえに待ち伏せしていた。お互い、お抱え屋敷から賜った脇差で切り合うも、伊場甚三郎に止められ、勝負を預けることとなった。

その頃、身分の低い出生や太守の贔屓の妬みから、お巻は同妾の「おしが」やその女中四人、小濱、朝霧、霧島、岩波から疎まれていた。その矛先はお巻に留まらず、お仲にまでわたった。二人への風当たりは日に日に増し、お仲は人型（人形）を用いて操の前に呪いをかけたとまで言いがかりをつけられる。

操の前の巧みな機転により疑念を晴らすも、これを根に持たれ、さらにいじめが激しくなる不安があった。濡れ衣と言えど、奥方を呪ったと世間に伝われば、実家にも迷惑をかける。暇をもらって屋敷を去ることもできない。それゆえ、お巻は死を選んだ。短刀を構えると、猫がすがるように袖にじゃれつくも、止めることはできなかった。今際に立ち会ったお仲にその無念を託し、お巻は息絶えた。

重左衛門からお巻の死を伝えられ、泣き伏すお道に浅間家から八十両渡された。これを知った火の見番の鳴島吾助はお道の家に忍び込み、八十両を丸々盗み出す。その姿を見たお道は口封じをされてしまう。小指を噛みちぎって抵抗するも、凶刃には成す術がなかった。

場面は移り、主を失ったお仲は屋敷を後にすることとなった。心残りは主人の猫。屋敷に残すのも不憫に思う。主の仇討ちをしないものかと猫に語りかけると、猫は一目散に廊下へ飛び出した。するとまもなく飛び帰り、見れば切られて裾元で震えていた。仇の四人に報復したが、返り討ちにあったようだった。猫はそのまま手足を縮め、息絶えた。しかし、不思議なことに灯火とともに死体が消え、お仲の背中に憑りついた。主の敵、命を捨てても四人に恨みを返さでおくべきか。憑りつかれたお仲は狂い狂って、小濱、朝霧、霧島を次々と噛み殺した。鐘は子の刻、残る岩波に猫魔現れ、冷汗流す濡れ鼠。猫と鼠の狂乱の末、岩波も喰い殺された。

その折、小野川のもとに浅間家の使者がやってきた。再び召し上げたいという君命であった。しかし、雷電の引退を耳にし、その君命を頑なに拒んだ。雷電は小野川母の菩提として釣鐘を寺に納め、その贖罪として摩利支天に相撲から離れると誓いを立てていた。小野川は己だけが屋敷に戻るのは義理が通らないと譲らなかった。しかし、師匠からも孝を立てよとの思し召し。あちらを立てればこちらが立たず、雷電、主人、師匠へ忠孝信義を立てるには命を絶つしかない。それを心にした折、浅間屋敷を暇となったおしがから積年の思いを告げられた。娶ってほしいと願うも、小野川も明日死ぬ身。娶ることができなかった。

思い切られたおしがは家に帰るなり、猫が恨みを返しに来たと狂い、短刀を抜いてあたりを切り払い、最後には喉に刃を突き立てて非業の死を遂げた。

さて、小野川が脇差を抜きかけるところ、雷電がやってきて、早まるなと自害を制した。訳を聞くうち、雷電は相撲を辞めるという自らの誓いを下げればすべて丸く収まることを悟る。小野川のため、摩利支天に罰を受けようとも、再び相撲を取ることを約束する。そうして、小野川は浅間家へ再び召し抱えられることとなった。

舞台は浅間家の火の見櫓（やぐら）に移る。櫓に登ったお仲猫は足軽に囲まれるも、猫のごとき飛行自在。足軽では手も足も出ない。そこへ一本差を拵（こしら）えた小野川が現れ、お仲猫と対峙する。お仲は髪を振り乱し、逆手の短刀を突いてかかるも、小野川に襟上を取られると、ただ四足をもがくばかり。

「命を救われた恩を忘れず忠義を尽くしたことは見事であるが、なぜすぐに立ち去らない。浅間家の怪異がお家の汚名になると知らぬのか」と、小野川はお仲猫を地面に押しつけた。実は、お仲猫は弔い金を盗んだ吾助を狙っていたが、水天宮の守りにより近寄れず、宿願を遂げられずにいた。お家の名を汚したことを知った化け猫はお仲から立ち去り、お仲は正気に戻ることができた。しかし、お仲は四人を殺害したことを憂い、自らに刃を突き立てた。こうして、小野川の手により、悪猫退治の幕が降ろされた。

弔い金を盗んだ吾助は博打により一晩で散財していた。小指がないことに気づいた小野川に諭されるも、改心する気配はない。そこへ現れたお巻の弟与吉と伯父の与兵衛。小野川の助けもあり、吾助は仇討ちされたのだった。

小野川はお巻の猫の犠牲になった者の供養を雷電の奉納した鐘に願う。喧騒の中、打たれた鐘は良い響きであった。

以上が有馬の猫騒動として語られてきた。しかし、この騒動の大半は創作と考えられている。有馬の話は三大猫騒動の中でも一番新しい。『日本伝奇伝説大辞典』によれば、桃川如燕の『百猫伝』に脚色し、黙阿弥が歌舞伎に仕上げたという。大田南畝(なんぽ)の『蜀山人全集』第三巻内、『半日閑話』巻十二に、次のような記述がみられる。

有馬怪獣

最近、有馬中務殿の家臣、物頭の阿部郡兵衛が怪しい獣を鉄砲で打ったという噂があった。その絵を出版し、読売※1などにこれを売ったという。

阿部郡兵衛は犬上郡兵衛の誤記と言われる。犬上は江戸の久留米藩邸で柔術指南役を務めた。

オセンチ山

この噂がもととなり、創作された。

騒動の猫を弔うため、有馬上屋敷内に猫塚が建立された。猫塚本体は通称「オセンチ山」と呼ばれ、悪さをすると祟りがあるなど噂される。しかし、猫塚の詳しいことはよくわかっていない。古墳であると考えられていたが、二〇〇九年の港区教育委員会による発掘調査では、江戸時代に構築された人造の塚である可能性があるとされた。

猫騒動が創作であるならば、猫塚は犬上郡兵衛の討ち取った怪獣の塚であろうか。それとも、猫騒動に便乗した有馬家が建てたのであろうか。有馬上屋敷のあった土地は『有松染相撲浴衣』の初演された明治十三年には政府工部省の所轄になっていたため、後者は考えにくい。詳しく述べるには、もう少し調査が進む必要があるようだ。

実は、この猫塚に据えられていた石が一つある。次にこちらを紹介しよう。

艦艇装備研究所の猫石

有馬の上屋敷跡から少し離れた防衛装備庁、艦艇装備研究所、先進技術推進センター裏に、屋敷から移された猫石が鎮座している。石前の案内によれば、明治四十三年（一九一〇年）まで有馬上屋敷跡は海軍造兵廠（かいぐんぞうへいしょう）が管轄していた。明治三十五年に猫石が猫塚から表門内正面へ移設された。明治四十三年に築地、昭和五年（一九三〇年）に目黒の当地へと移転する際、猫石も一緒に連れられ、野良猫石にはならずに済んだ。近年、漫画、映画、舞台と話題になった『アルキメデスの大戦』の時代には、すでに目黒に移転している。

二〇一六年、目黒防衛研究所の移転に伴い、猫石も現在の地に移動された。移動時も神主を呼び、厳かに行われたそうだ。

しかし、なぜ石、台座、塚を分離させたのか。それぞれ妖力にあやかるためか、祟りを恐れて力を分散させたのか。移設を命じられた海軍造兵廠によほどの猫好きがいたのか。

『猫の歴史と奇話』によれば、三毛猫、特に雄猫は船の守り神として船乗りの間に広く重宝さ

三田国際ビル西側の猫塚

れてきた。『日本俗信辞典』には三毛猫の雄を船に乗せ、その霊性から豊漁や魔除を祈り、時化を占ったとある。青森、秋田、東京、千葉、愛知、岡山、和歌山、広島、高知の記述があり、全国的に信仰されていたようだ。このような信仰から、海軍では猫石の霊力にあやかっていたのかもしれない。しかし、第一次世界大戦（一九一四～一九一八年）まで海軍の快進撃は続いたが、猫石が分離されたことで神力が弱まったのか、その後の戦績は振るわない。一九四二年、ミッドウェー海戦での敗戦を皮切りに、海軍は敗戦を喫し、その後、坊ノ岬沖で戦艦大和は沈没した。

防衛研究所にあった頃は資料閲覧室があり、入門の際に所定の手続きをすることで民間人でも立入ることができた。しかし、二〇一六年に移転したため、閲覧が難しくなった。塚のある土地も施設柄、一般客が気軽に入れる場所ではない。猫塚のある小山は三田国際ビル西側から望めるが、塚のある施設への立ち入りは控えてほしい。

※1 読売…瓦版などを売る人のこと。

艦艇装備研究所の猫石(左)

有馬家上屋敷跡 概要

『港区埋蔵文化財調査報告年報７』によれば、有馬家は寛文元年（1661年）に大名小路（江戸城和田倉門外南東）の上屋敷を引き払ったのち、17世紀中葉以前から拝領していたこの地を上屋敷としたと考えられている。江戸時代を通して有馬家上屋敷として用いられた。調査が完了していないため言及はできないが、上記の調査報告によれば、猫塚本体は江戸時代に造成された可能性が高いと考えられている。それ以前は古墳と考えられていた。艦艇装備研究所の看板によれば、明治４年（1871年）に工部省所管（赤羽製作所→赤羽工作部局）、明治16年（1883年）に海軍省所管（兵器局海軍兵器製作所→海軍造兵廠）となった。この頃は敷地内の塀や建造物など、有馬家上屋敷の面影が残っていたそうだ。大正15年（1926年）に東京市立赤羽小学校（現港区立赤羽小学校）が設立され、今に至る。海軍造兵廠は明治 43年（1910年）に築地に移転し、海軍技術研究所と改編されたのち、昭和５年（1930年）に目黒の現在地へと移転した。移転の際、猫石も同じく移転している。猫石は2016年までは防衛研究所の玄関口に安置されていたが、防衛研究所の移転に伴い現在の艦艇装備研究所裏手に移転された。

＼ここがみどころ！／

安易には立ち入れないため、写真だけで満足して。「どうしても」というときは、三田国際ビル西側から望むだけにしよう。

アクセス＆周辺の観光名所

所在地

東京都港区三田 1-4-52

アクセス

- 都営大江戸線赤羽橋駅赤羽橋口より徒歩10分

周辺の観光名所

- 東京タワー：15分
  有馬家上屋敷跡（徒歩）～赤羽橋駅前バス停（東急バス・東 98・等々力操車所ー東京駅南口行き）～東京タワーバス停
- 六本木ヒルズ：20分
  有馬家上屋敷跡（徒歩）～赤羽橋駅（都営大江戸線・六本木・都庁前方面・光が丘行き）～六本木駅
- 陸上自衛隊目黒駐屯地：35分
  有馬家上屋敷跡（徒歩）～赤羽橋駅前バス停（東急バス・東 98・等々力操車所ー東京駅南口行き）～権之助坂バス停

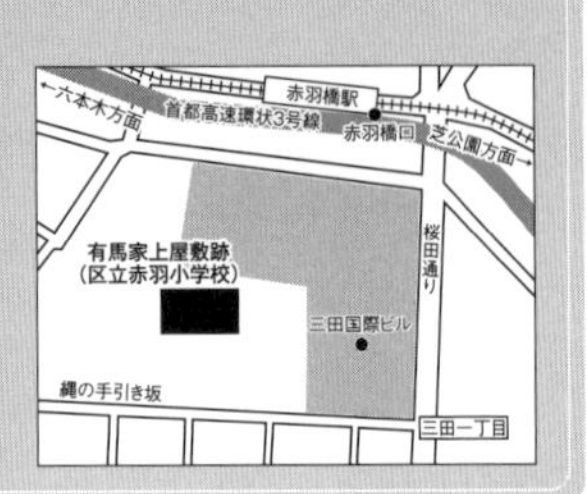

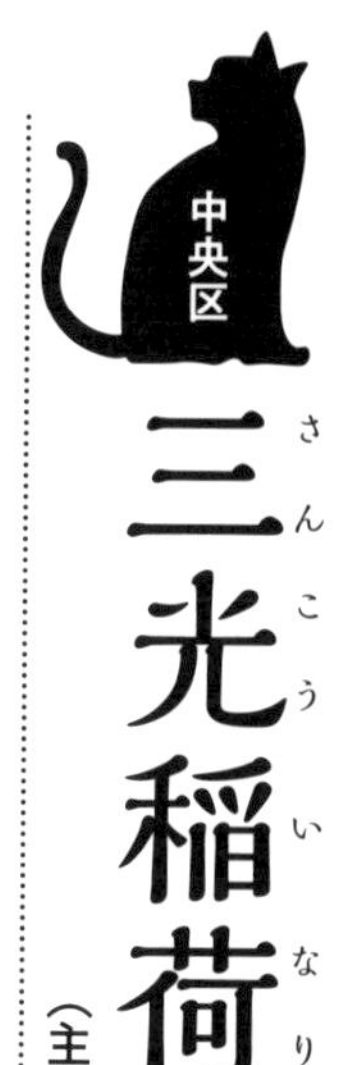

三光稲荷神社（さんこういなりじんじゃ）

（主祭神：三光稲荷大神）

お尋ね者と尋ね猫

招き猫
猫神様
返し猫
御朱印

外の世界は猫にとっても魅力にあふれている。筆者が子どもの頃、生家で育った雄猫ジェルは、ひと月離れては三日帰り、またひと月遊び歩くといった生活を繰り返していた。盛りのついた猫とはよく言ったものだ。

これは室内外を自由に出入りできる猫の話だが、外の刺激を知った室内猫は脱走を試みることがある。玄関に興味のそぶりも見せない猫がドアを開けた瞬間に駆け逃げ、それきり戻ってこな

拝殿

猫返しを祈って奉納された招き猫

い。帰り道がわからなくなったのか、外の楽しさを知ってしまったのか、はたまた慣れぬ土地で怪我をして動けなくなっているのか。そんな話をよく聞く。

死期を悟った猫が飼い主の前から姿を消すとも言われている。死んだ姿を見られたくないからとまことしやかに言われるが、実際は具合が悪くなったことで身を隠していたが、そのまま力尽きてしまうようだ。飼い主にしてみれば、猫がつらいときに介抱してあげられないのが心苦しい。

猫が戻らない、帰れない理由は様々であるが、ここ三光稲荷神社は猫返しの神社として古くから親しまれてきた。その由来は定かではないが、『東京名所図会』（一九六八年）に関連した記載がある。

猫族守護神の神社

　三光稲荷は二十三番地にある小社である。嘉永の切絵図に三光稲荷とあるが、『古鹿子』に長谷川町、三十郎稲荷とあるものが当社であるという。いつ頃に三光と改めたのか不明である。堺町に歌舞伎があった頃、関三十郎という俳優がいた。その屋敷内に勧請した稲荷であるので、三十郎稲荷と呼ばれていた。娘、子ども、芸妓等が三十郎の容色を愛でつつ、参詣するものが多かったため、誰ともなく三十郎稲荷には猫（芸妓）が寄ると噂されていた。この風説が誤って伝わり、猫を見失ったときに立願すれば霊験が得られると言われていた。また、鼠除けの守札も出していたという。このことは『江戸砂子』や『江戸惣鹿子』には記述がみられない。

　猫返しの霊験は確かなもので、電子機器に必須のＭＫ磁石を発明した三島徳七（東京大学名誉教授）が当社に祈願すると、愛猫が返ってきたという逸話もある。それを記念し、三光新道（じんみち）の「三光稲荷神社参道」と書かれた石碑が建立された。

　三光稲荷神社は吉原遊郭からも近く、猫を探す遊女、芸妓がたくさん訪れたのかもしれない。『日本橋区史』（一九八三年）にも、「花柳界の信仰浅からず」とある。逃げ出した猫がどれだけいたのだろうか。日本の猫は江戸時代に数を増やしたとも聞くが、吉原由来の猫がその一端を担っていたのかもしれない。

長谷川町守護神

三光新道（じんみち）
入り口右に三島氏の石碑が建立されている。

また、神社で配布されている御由緒によれば、猫返しの霊験が確かなものと感じさせる逸話が書かれている。

関東大震災時、神主はご神体を奉安して逃げ延びたが、ご神体は長らく行方不明になってしまった。昭和二十六年（一九五一年）、ご神体を預かっているという手紙が日本橋長谷川町（現・堀留二丁目）役場に届いた。送り主の池田彦左衛門は福島県郡山市三春村の豪商で、関東大震災後に福島の道具市でこの小祠を購入したという。この神明の加護のおかげか、家はたいへん繁栄した。しかし、夜な夜な家鳴りがし、長谷川町に帰りたいというお告げを受けたという。それが手紙を書く転機となったそうだ。その後、無事に長谷川町に戻ってきたという。

室内飼育が普及し、町を歩く野良猫はかなり減ったことだろう。一般社団法人ペットフード協会の全国犬猫飼育実態調査（令和元年、二〇一九年）によれば、今や日本の飼育猫の七割半が室内のみで飼育されている。全国調査が始まった平成十六年（二〇〇四年）では約三割の猫が自主的に外に出かける機会を得られていたが、今では一割程度しかいない。単身赴任のサラリーマンさながら、月一でしか帰らない雄猫も少なくなったことだろう。

保護猫活動や地域猫活動も野良猫の減少に一役買っている。しかし、不幸な猫を減らす半面、鼠が媒介する伝染病のリスクを高めると心配するのは筆者だけだろうか。過去、西欧の魔女裁判然り、野良猫を減らしすぎた反動で鼠が増え、ペストが大流行したことを思い出す。このような配慮も必要かもしれない。

三光稲荷神社は猫と人の良い関係を考える機会を与えてくれた。

三光稲荷神社は鼠小僧の生家とも近所であった。治郎吉の家も三光新道にあり、母と妹が住んでいた（長谷川時雨『旧聞日本橋』）。生家も墓も猫と隣同士で、八方塞がり。鼠捕りにかかったのは天保三年（一八三二年）だったという。猫と鼠の関係は今も昔も変わらないようだ。

奉拝
三光稲荷神社
令和二年六月十日

御朱印

三光稲荷神社 概要

三光稲荷大神のほか、田所稲荷大明神を主祭神とする。名前の由来は『日本橋二之部町会史』（1966年）に記述がみられる。この稲荷を所有していた関三十郎と彼の後光が由来だという。彼が堺町中村座で歌舞伎の演技中、霊光（電光）のように輝き、観客は彼の芸体のまばゆさから称賛し、名声は不動のものとなった。これは庭内に奉斎していた伏見稲荷の神爾の加護であると考え、自身の三と光の２文字から三光稲荷と改め、長谷川町大地主の建石三蔵が庭内に安置し、町内の氏神としたと伝えられている。大正13年（1924年）の区画整備で長谷川町と田所町が合併し、堀留２丁目となった。その際、田所大明神も三光稲荷神社に奉祀された。神社手前の通りは三光新道（さんこうじんみち）と呼ぶ。

\ここがみどころ！/

はるばる北海道や九州からも訪れる人がいる。奉納された招き猫には飼い主の想いがたくさん詰まっている。

アクセス＆周辺の観光名所

所在地

東京都中央区日本橋堀留町2-1-13

アクセス

- 東京メトロ日比谷線・都営浅草線人形町駅A4出口より徒歩２分

周辺の観光名所

- 水天宮：7分
- 回向院：20分
  三光稲荷神社（徒歩）〜人形町駅（都営浅草線・印旛日本医大行き）〜東日本橋駅
- 東京駅：15分
  三光稲荷神社（徒歩）〜人形町駅（東京メトロ日比谷線・中目黒行き）〜銀座駅（東京メトロ丸ノ内線・池袋行き）〜東京駅
- 歌舞伎座：15分
  三光稲荷神社（徒歩）〜人形町駅（東京メトロ日比谷線・中目黒行き）〜東銀座駅

第6章 品川区・大田区

徳蔵寺
自性院
宝幢院

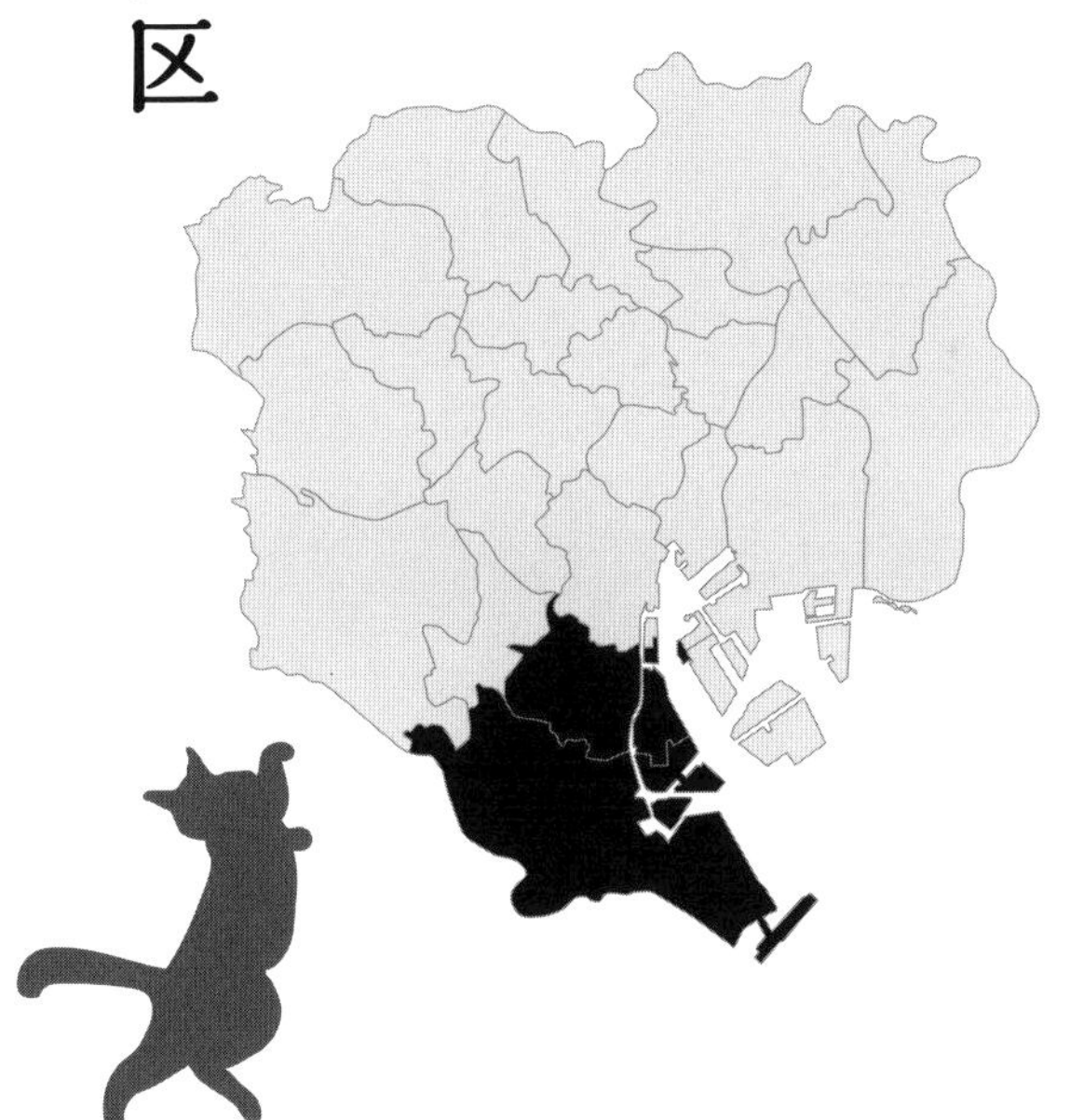

品川区

徳蔵寺（天台宗）

とくぞうじ

化け猫

御朱印

狐を産んだ猫

フランスのコルシカ島にはキツネネコが生息しているという。地元の羊飼いには家畜を襲うと言い伝えられていた。二〇一九年には黄褐色の虎猫十二匹が捕獲され、フランス国立狩猟・野生動物事務局ではヨーロッパヤマネコやイエネコとは異なる新種であると主張している。一見黄色味の強い、至って普通の虎猫だが、大柄で大きな耳、色濃い後足という狐に似た特徴を有しているようだ。

本堂
寺院には珍しく、近代的な建築物の外観。

三輪地蔵（左）と塩地臓（右）
供えられた塩を入れた風呂には病治癒効果があると伝えられている。

真偽はともかく、古来の日本でも猫と狐は同類として見られていた。『耳嚢（みみぶくろ）』巻之二（一七八四〜一八一四年）の「猫の人に化けし事」からは猫狐の思想感が読み取れる。

母に化けていた妖猫を退治したはずが、妖猫の死体は再び母の姿となった。母殺しの大罪を犯したと切腹を図ろうとする息子に対し、知人は「猫狐の類は長いこと人に化けると、たとえ命を落としてもしばらくは元の姿に戻るものではない」と諭した。

ここから、猫も狐も人に化け、害なすものと考えられていた様子がわかる。

一方、『日本俗信辞典』（一九八二年）によれば、山形県庄内地方では猫は穀物・農業を司どる稲荷のお使いという信仰があった。また、島根県の民話を集めた森脇太一の『松川・国分・都野津・雲城の昔話と民話集』（一九五四年）にも猫が狐の使者と表現した物語が手書きされている。唐鐘（とうがね）の坂本市右エ門氏から聞いた話で、猫が狐を呼び、狐は狼を呼ぶことから、猫は狐の使者、狐は狼の使者だとされることもあったようだ。

『江戸塵拾（えどちりひろい）』巻之五（文政六年、一八二三年）には、徳蔵寺を舞台にした猫と狐の関係が描かれていた。こちらを詳しく紹介する。

猫きつねを産

目黒大崎という所に徳蔵寺という禅宗の寺がある。この寺に数十歳の斑猫（ぶちねこ）がおり、常に山に入って遊んでいた。明和元年（一七六四年）の春に子どもを産んだが、猫とは異なっていた。毛色は猫のようで白黒まだらであるが、形は猫ではなく、狐であった。これはとても珍しいこと。この猫は常に山に入って遊び、狐と交わったのだろうと言いあった。

『江戸塵拾』が書かれた当時、徳蔵寺周辺は幕府直轄の農地で、江戸へ送る農産物の重要な供給源であった。里山となった集落周囲には狐も多く、なじみ深かったのかもしれない。そこでは猫が狐を産むのは珍しいことだが、ありえないことではないと考えられていたようだ。『耳嚢』

巻之二（一七八四〜一八一四年）で猫が語るには、狐と交わって生まれた猫は十四、五年生きなくても神変を得ることができるという。

猫や狐の妖しさに畏れを抱きながらも、その神性にあやかり、豊穣を司る稲荷の使者として祀った当時の人々の気持ちが読み取れたような気がした。

ところで、徳蔵寺の近くには世にも珍しい寄生虫の博物館がある。二〇〇七年の日本獣医学会で、キタキツネに寄生するエキノコックスの卵が初めて猫の糞から見つかったことが報告された（野中ら、二〇〇八年に論文）。その後の報告では狐ほど感染しやすくないことが示されたが、この寄生虫にとっては猫も狐の仲間のようだ。その真偽を確かめに、博物館を訪ねてみてはいかがだろうか。

御朱印

徳蔵寺 概要

天正年間（1573～1592年）に梁誉道元大和尚によって創建された。山王城琳寺と本末関係であったが、明治期の廃仏毀釈運動により三田西蔵院末となり、明治43年(1910年）に比叡山延暦寺末となった。寺内には虫歯痛のご利益がある三輪地蔵、塩地蔵、太鼓に合わせて念仏を唱える十夜法要に用いられた双盤念仏用具一式が伝えられる。

＼ここがみどころ！／

近代的な寺院。珍しいお地蔵様たちは外から拝観できる。

アクセス＆周辺の観光名所

所在地

東京都品川区西五反田 3-5-15

アクセス

- JR・都営浅草線五反田駅西口より徒歩7分
- JR・都営三田線目黒駅西口より徒歩7分

周辺の観光名所

- 目黒寄生虫館：🚌10 分
  徳蔵寺（徒歩)～目黒駅前バス停（東急バス・黒 06・三軒茶屋駅行き)～大鳥神社前バス停
- 戸越銀座商店街：🚃15分
  徳蔵寺（徒歩)～五反田駅（都営浅草線・西馬込行き）～戸越駅
- 目黒川桜並木：🚌20分
  徳蔵寺（徒歩)～目黒駅前バス停（東急バス・黒 09・権之助坂行き)～田道小学校入口バス停

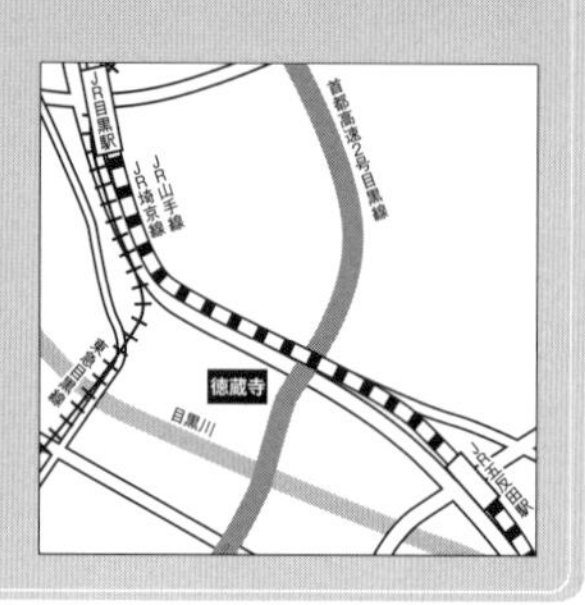

自性院（じしょういん）

（真言宗）

大銀杏で踊る猫

化け猫　踊る猫　御朱印

猫じゃ猫じゃとおっしゃいますが……と化け猫が踊る昔話は至る地に残されている。この「猫じゃ猫じゃ」は江戸から明治にかけて流行した民謡で、『蝶々蜻蛉（ちょうちょうとんぼ）』（文政十一年、一八二八年）という民謡がもとになっているという。梅田磯吉『音楽早まなび』によれば、猫じゃ猫じゃは『蝶々蜻蛉』の二番の歌詞となっている。地域や時代によって様々であるが、大まかな歌詞は次のようになる。

本堂

大銀杏跡地（無縁仏供養塔）
このまわりで猫が踊っていたのが目撃された。

猫じゃ猫じゃ

猫じゃ猫じゃと　おっしゃますが
猫が　猫が　足駄（あしだ）はいて　絞りの浴衣で　来るものか
オッチョコチョイノチョイ　オッチョコチョイノチョイ

ここ、羽田の自性院でも化け猫が踊っていたところを目撃された。それが『口承文芸』（一九八六年）に残されていた。

猫の踊り

羽田中村生まれの祖母から聞いた話である。ある晩、暗い夜道を歩く人が自性院の墓場の傍らを通りかかると、奥から賑やかな音が聞こえてきた。自性院の墓場には大銀杏がそびえており、そのあたりが仄かに明るくなっていた。その周りには三毛、虎、白といった様々な猫が集まり、各々手拭いや風呂敷をかぶ

牛頭天王堂
左右には見事な龍彫刻。

呑川新橋周辺
シン・ゴジラが上陸したロケ地。

り、思い思いに踊っていた。これが猫じゃ猫じゃの踊りであった。見かけた人は恐ろしくなり、一目散に逃げたという。

長く生きた猫は飼い主から手拭いや風呂敷を盗み、踊りに行くと伝えられている。


方位磁石のない時代、地元の漁師たちは自性院の大銀杏を目印に帰ってきたそうだ。残念ながら、この大銀杏は現存していない。住職の奥様の話によると、五十年前には失われてしまった。大人三人でようやく囲めるほど大きな幹であったという。

現在、墓地の大銀杏のあった場所には大きな無縁仏供養塔が建てられている。この地は川で行き倒れた者がよく流れ着き、墓地には検死をする場所もあったようだ。それゆえ、無縁仏の供養塔が建てられたという。

付近の鴎稲荷（かもめいなり）でも猫踊りが目撃されていたことが同文献に記載されていた。

この地は化け物に縁あるようで、近くには『シン・ゴジラ』のロケ地がある。ゴジラは川崎沖に出現し、羽田沖から多摩川河口に向かい、呑川の新橋付近で上陸した。化け物違いではあるが、踊る猫やゴジラの撮影地をめぐりに来てみてはいかがだろうか。

御朱印

自性院 概要

『大田区の寺院』によれば、平治元年（1159年）に没した慈性によって建立された。安政５年(1858年)の火事により多くの諸堂が消失した。『新編武蔵風土記稿』によれば、兩明王を本尊とし、高畑村宝幢院の末であった。羽田地区の総鎮守であった旧来の牛頭天王堂は明治維新の神仏分離により羽田神社となったが、昭和４年(1929年）に大森の弁天神社の社殿が移築され、牛頭天王堂に転用された。現在は区の文化財に指定されている。無一文の徳川家康を乗せず、逆さ磔になった川の渡し守が由縁の閻魔堂が入口右手にあったというが、これも戦火で焼失した。

＼ここがみどころ！／

大銀杏跡地からその大きさがわかる。牛頭天王堂の龍彫刻も見事!!

アクセス＆周辺の観光名所

所在地

東京都大田区本羽田 3-9-10

アクセス

●京浜急行空港線大鳥居駅より徒歩7分

周辺の観光名所

●シン・ゴジラロケ地：🚌10分
自性院（徒歩）～羽田特別出張所バス停（京急バス・森 21・大森駅行き）～仲糀谷バス停

●羽田空港：🚌30分
自性院（徒歩）～羽田特別出張所バス停（京急バス・蒲 31・羽田空港第1ターミナル行き）～羽田空港第1ターミナルバス停

●宝幢院：🚌30分
自性院（徒歩）～大師橋下バス停（京急バス・裏 73・蒲田駅行き）～変電所前バス停

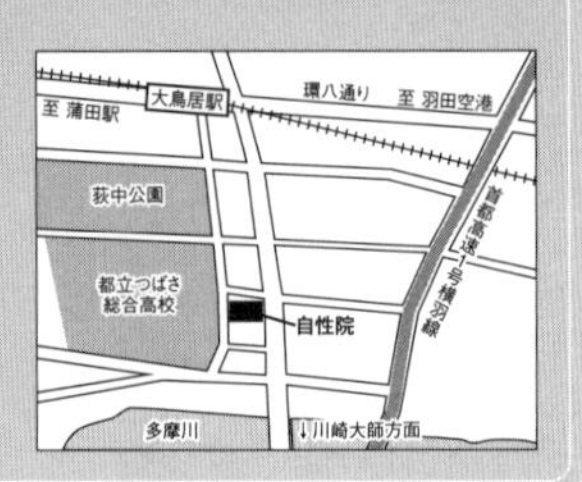

宝幢院（ほうどういん）

（真言宗）

棺の包丁は猫除け

人の死後、棺に包丁を入れる風習がある。魔除のためというが、どんな魔を除けるのか疑問に思ったことはないだろうか。実はこの包丁、猫除けである。

古くから火車（かしゃ）という妖怪が葬儀や墓場で死体をさらうと信じられていた。その火車の正体が化け猫と言われることが多い。死体がさらわれるのを防ぐため、刃物を魔除として入れる風習が生まれたようだ。

本堂

お砂踏巡拝所

宝幢院の住職が登場する昔話の一つに、猫と刃物の関係を示した伝承がある。

🐾猫とカンカン踊り

昔、嶺にあった正善寺の葬儀で死体がカンカン踊りを踊りだすことがあった。カンカン踊りは文化・文政時代に庶民に流行した踊りの一つである。このとき、棺には刃物が置かれていなかった。本門寺からたくさんのお坊さんがお経をあげたが、一向に止まない。

そこへ宝幢院の和尚にも声が掛けられた。和尚が高野山の土砂を振りかけてお経を唱えると、死体はくたくたと崩れ落ちた。

天井裏には猫がおり、誰ともなく猫の祟りと囃し立てた。そのため、亡くなった人には猫を寄せつけてはいけないと言われるようになったそうだ。

宝幢院の物語は猫の恩返し『猫檀家』に似ているが、宝幢院が栄えたという話もなく、和尚の法力を讃えるわけでもなく、猫と葬儀の慣習にまとめられているのが珍しい。肉食性の強い猫だから、飢えた野良猫が死体を漁ることがあったのか、獲物を狩る姿が結びついたのか、古来日本では猫は魔物に分類された。

今でも刃物は猫除けになりえるようで、猫は決して台所に登らない。台所に登ろうものなら、包丁を持った鬼嫁に襲われるそうだ。主人もそんな鬼嫁に食われぬよう、ご機嫌取りに品川の食肉市場に立ち寄るのも良いだろう。ここでは東京都の中央卸売市場で唯一肉類を取り扱う。毎年十月には東京食肉市場まつりが催され、賑わいをみせる（二〇二〇年は残念ながら中止が発表された）。

御朱印

宝幢院 概要

『新編武蔵風土記稿』および『大田区の寺院』によれば、保元元年（1156年）没・行観によって創建された。鎌倉様の阿弥陀如来を本尊とする。享禄５年（1532年）に北条氏康、天正19年に徳川家康など、歴代将軍より庇護を色濃く受け、門末寺50以上を擁した檀林所であった。しかし、安政６年（1859年）の大暴風、廃仏毀釈、東京大空襲により多くの寺物は失われてしまった。境内には四国八十八ヶ所の霊場のお砂が納められた巡拝所があり、高野山から持ち帰った土で魔を払った伝承を連想させる。

＼ここがみどころ！／

いずれ四国の猫寺めぐりを夢見て、巡拝所を回ってみては？

アクセス＆周辺の観光名所

所在地

東京都大田区西六郷 2-52-1

アクセス

- 京浜急行本線雑色駅より徒歩12分

周辺の観光名所

- 東京都中央卸売市場食肉市場：🚃45分
  宝幢院（徒歩）〜六郷土手駅（京急本線・品川行き）〜品川駅
- 川崎大師：🚃35分
  宝幢院（徒歩）〜六郷土手駅（京急本線・浦賀行き）〜京急川崎駅（京急大師線・小島新田行き）〜川崎大師駅
- ソラムナード羽田緑地：🚌40分
  宝幢院（徒歩）〜六郷小学校バス停（蒲 73・羽田車庫行き）〜空港入口バス停

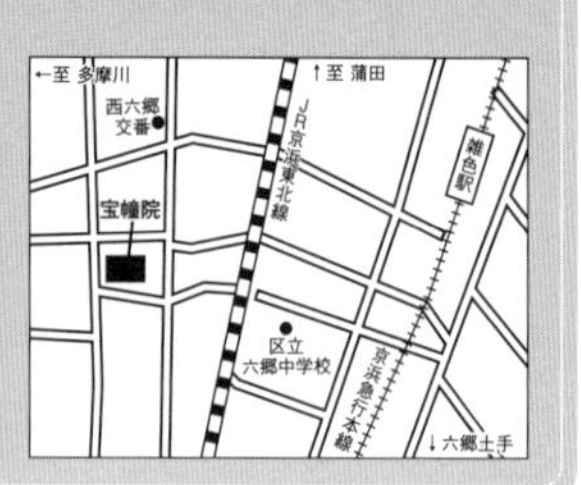

わねこらむ②

大黒坂の猫又

いわずと知れた高級住宅街の麻布十番、かつては空々漠々とした野原で、獣が潜み、人の住むような土地ではないと言われていた。そんな淋しい麻布にあった狸穴（まみあな）をきっかけに、麻布は次々と不思議な怪異に襲われる。「狸穴の婚礼」、「大黒坂の猫又」、「我善坊（がぜんぼう）の大鼠」、そして「狸蕎麦屋」。これらが猫の関わる麻布七不思議として『江戸名物麻布七不思議』に語られていた。

天正十八年（一五九〇年）、徳川家康が関東に入国した頃のこと。近辺の村を惑わす狸を退治するため、井伊家家臣の庵原助右衛門は仲間とともに狸穴へ向かった。穴の中で出会った首領狸は、まさに蝦夷狸との婚礼の最中であった。これから蝦夷へ去るが、邪魔立ては許さぬと言い放つ首領を前に、庵原は黙れと勇み、四方から襲いかかる怪物をなぎ倒し、危うくも狸穴を脱出することができた。

この出来事を井伊直政に報告すると、直政は豊島の戸田川で怪物の行列に相まみえ、数百匹に及ぶ怪物を退治した。これにより、江戸の町が広がりを見せるようになった。

全滅したかにみえた古狸だが、首領狸の妾腹の狸一匹、身分が低いゆえに難を逃れ、狸穴に棲んで後の大黒坂の猫又を育てることになる。

時は経て将軍が六代へと移る頃、狸穴あたりは能勢（のせ）豊後守（ぶんごのかみ）の屋敷となっていた。あるとき、狸に似た獣が庭に現れたことを皮切りに、怪異が始まる。狸穴に入った人が行方不明となり、大猫が狸に似た化物の乳を吸うのが目撃された。満願寺の和尚がお経をあげても、衣も袈裟も切り裂かれ、裸で逃げ帰る有様。そこへ伊勢国の神官、氏原清徳が現れ、十匹ほどの眷属もろども化物を退治した。しかし、残された猫又の恨みに祟られ、能勢豊後守は熱病を患ってしまう。

あるとき、能勢豊後守は勝田（かつた）備後守（びんごのかみ）の娘、左京が大黒坂の屋敷に戻ると聞いた。左京は徳川家宣公の愛妾で、出世の好機であった。能勢豊後守は病を押して、妻のお八重と屋敷へ出かけるが、再び難を受ける。お八重と左京の合奏を楽しんでいると、急に白黒斑の大猫が現れ、お八重の喉笛を裂き、そのまま姿を消した。この話は「大黒坂の猫又」として広く知れわたった。能勢豊後守の熱病はさらに悪化し、怪物が見えると狂い狂って、ついには相果てた。

その後、猫又は左京を祟ろうと、家宣公の本丸に忍び込むも、家宣公の一睨みに怯み、麻布の住処へ逃げかえった。同じくして、左京も増上寺の参詣帰りに大黒坂の実家に立ち寄った。興で始めた三味線、流行り唄につられて五、六匹の猫が宴に現れ、手拭い被り、猫じゃ猫じゃと踊り始めた。恐れ慄く者の中、戸田主殿の家臣、内田正九郎が名乗りを上げ、これを打倒した。すると例の猫又が現れ、正九郎の目に爪をかけた。正九郎は抜く手も見せずに一刀すると、猫又は血潮に染まり、彼方へ飛び去った。血の跡をたどっていくと裏山の洞穴に逃げ込んだ様子。穴から出てこない猫又にしびれを切らし、正九郎は唐辛子を燻して穴に投げ込んだ。すると空は黒雲に覆われ、雨風激しくなり、ついに丘を割いて猫又が現れた。咆哮する正九郎、六つに裂けた尾を切り付けると、猫はニャゴと唸り、彼方へ飛び去った。

退いたと見せかけた猫又、実は正九郎の母に憑りつき、正九郎の命を狙っていた。虫の知らせか、様子がおかしい義母を見ようと妻のお定が部屋を覗くと、老婆に化けた猫が行燈の油差しを飲んでいた。寝ている正九郎をいざ襲わんとすると、どこからか五尺（約一メートル半）もある大鼠が現れ、猫又に喰らいついた。猫又はそのまま屋敷を飛び出し、鼠も後を追いかけた。息をついたのも束の間、再び猫又が現れ、義母に憑りつく。すると、至る所から小鼠が現れ、義母のまわりをぐるぐる回りだす。そこへ先ほどの大鼠がヌッと現れ、義母に噛みつくと、義母から猫又が飛び出し、屋根を破って飛んでいった。大鼠もそれを追い、姿を消した。この大鼠が「我善坊の大鼠」として後の世間を賑わす。

　猫又の行き先は我善坊谷にある萬屋（よろずや）という質屋であった。そこにはお玉という透き通るほどの美人がいた。夫は長次郎といい、元は奉公人であったが、萬屋の主人の計らいにより、夫婦として認められた。幸せも束の間、次第にお玉の色が青くなり、やせ細っていく。どうしたのかと悩むも、これは大黒坂の猫又の仕業であった。実は猫又がお玉の生き血を啜っていた。それを知った大鼠、長年萬屋に棲まわせてもらった恩返しと奮い立ち、猫がお玉に近づいた隙に噛みついた。ニャゴニャゴチュウチュウと大騒ぎの末、猫又を退散させることができた。その後、大鼠が睨みを利かせ、猫又はしばらく大黒坂に近づくことができなくなった。

　さて、三ッ股となった大黒坂の猫又も、これでは終わらない。正九郎が知人にそのかされて吉原の藤波に通い詰めるようになると、猫又は藤波の部屋に忍び込み、正九郎の知人や遊女の命を奪った。正九郎が火箸で右目を突いて撃退するも、正九郎は藤波にいっそう深入りするようになった。家財どころか、有事に使うべき軍資金にまで手を付ける始末。戸田主殿の怒りを買い、それでも藤波に通い詰める正九郎の前に、彼の猫又が再び現れる。息つく間もなく猫又を切りまくり、血潮に穢れ、ついには狂い、たまたま観音参りに来ていた左京の籠を切り付けてしまうのだった。

　あわや正九郎は投獄されるも、勝田備後守と戸田主殿の計らいで偽首を差し出し、打ち首を免れた。良薬を服して精神も全快すると、その懺悔として、紅葉山を悩ます怪物退治を引き受けた。この怪物こそ因縁の大黒坂の猫又。優しげな女性に化けごまかすも、正体を見破られた猫又。黒雲呼び雨降らんとする中、見る見るうちに正体を現し、空天に正九郎を引き連れ、牙出して喰らいつく。正九郎は携えた鉄扇で猫の口を突き、これを避けた。前歯を折られた猫はニャゴーと唸り、逃げ去っていった。猫又は左京へと標的を変えるも、左京の持つ宝刀の威徳に畏れをなし、再び勝田の屋敷に仇成さんと大黒坂を目指す。

そこへ我善坊の大鼠と相まみえ、ついに猫又は最期を迎える。猫と鼠と組んず解れつ噛み合い、谷底へ転げ落ちた。その様子は町中に響くほどであった。猫は血潮に染まって大黒坂から台町、白金、古川、広尾と逃げ回るも、そのたびに鼠に追いつかれ、行き場を失う。しまいには尻尾を半分噛み千切られ、鼠のあやつる数多の蛇に首を絞められた。よろめいたところ、首筋に鼠の最後の一撃、そのまま猫は息絶えた。

その後、猫又は広尾原の隅で蕎麦屋の佐兵衛に葬られた。狸化した猫又であったため猫塚ならぬ狸塚として祀った。そこで狸蕎麦を売ると、瞬く間に評判となったという。

こうして、大黒坂の猫又の長い物語に終止符が打たれたのであった。

残念ながら、すでに狸蕎麦屋は廃れてしまい、今は味わうことはできない。しかし、狸穴のあった地は麻布狸穴町と冠し、その縁を残す。また、狸穴自体も狸穴公園として整備され、その一角に小さな祠が建てられている。大黒坂は今や猫と鼠の喧騒さながら、流行りの店で賑わい、若者がニャゴニャゴと買物に勤しんでいる。

萬屋のあった交差点

狸穴公園

大黒坂

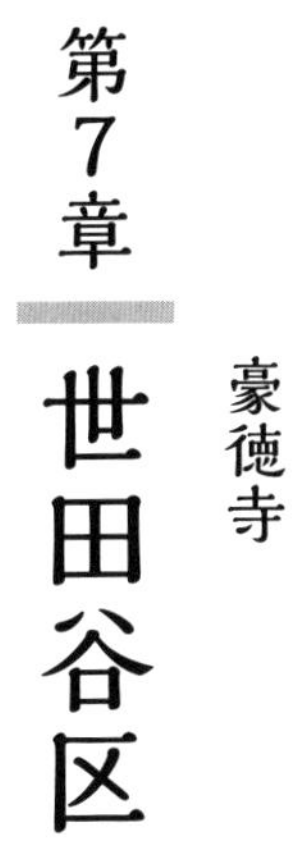

第7章 世田谷区

豪徳寺

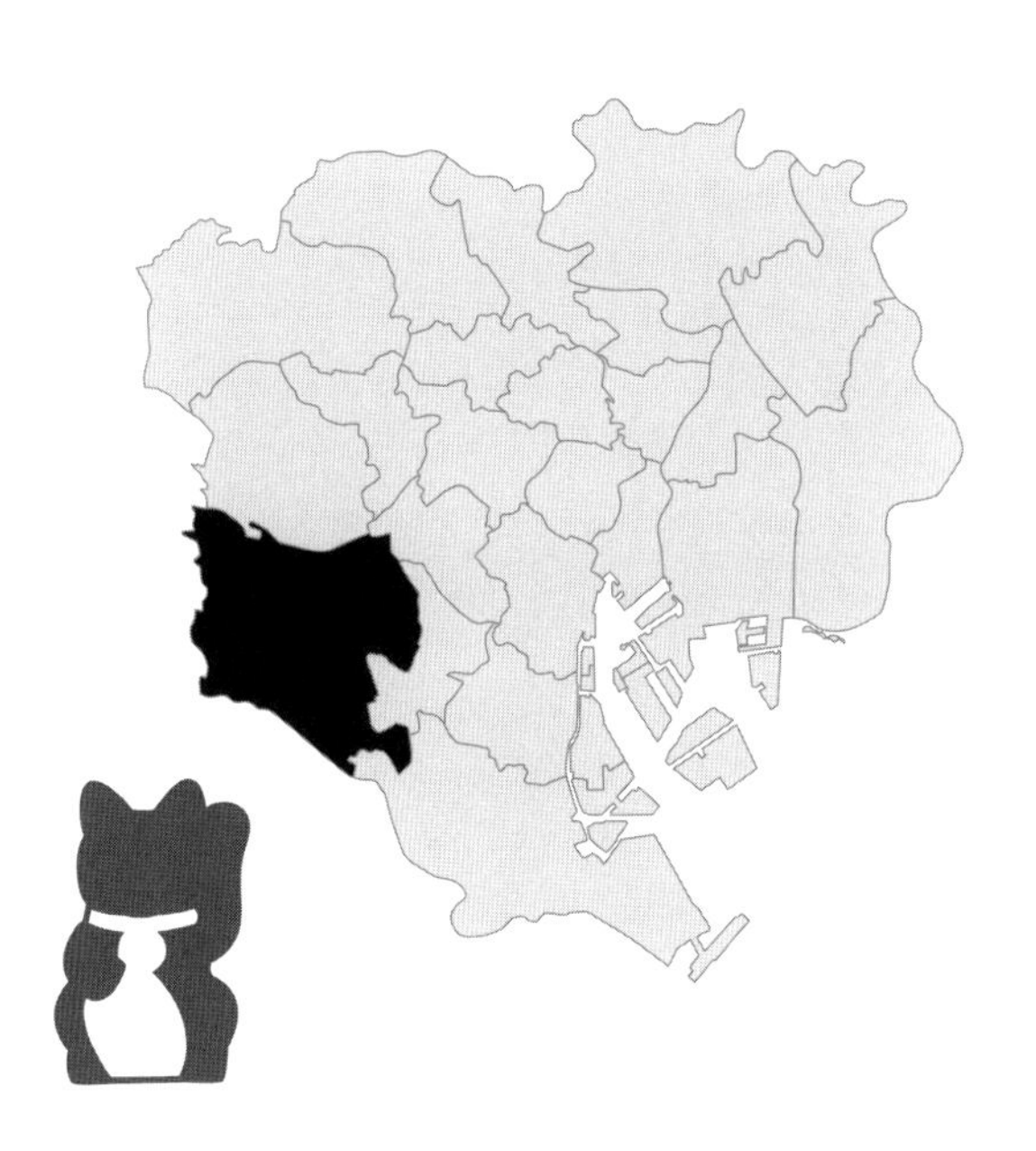

豪徳寺（曹洞宗）

白猫に招かれて

国内のみならず、中国をはじめとする国外でも人気の招き猫。西欧諸国でもラッキーキャットと呼ばれ、知る人も多い。多くの中華飯店が招き猫を飾っているため、中国原産だと思う西洋人もいるかもしれない。

そんな海外進出を果たしている招き猫だが、起源はよくわかっていない。そのため、様々な説が議論を呼んでいる。本書でも今戸神社や西方寺の項でふれているが、諸説ある中でも、とりわけ

本堂

招き猫

招福殿

井伊直孝墓

豪徳寺の招福猫児（まねきねこ）伝説は有名ではなかろうか。書物によって様々な伝承が語られるが、豪徳寺招福猫児（まねきねこ）を得たときに同時にもらえる公式の縁起をもとに、次に紹介する。

招福猫児の由来

まだ貧しい寺であったころ、二、三の雲水修行をして生計を立てていた和尚は猫を愛し、よく飼い慣らしていた。自分の食事を割いて猫に与え、我が子のように育てていた。ある日、和尚は猫に向かってこう言い聞かせた。

「私が大切に育てている恩を感じているならば、何か幸運を招きなさい」

その後、数か月経った夏の日の昼下がり、寺門のあたりが少し騒がしかったので様子を見ると、鷹狩の帰りと見える武士五、六騎が門前に馬を乗り捨てて寺に入り、和尚に話しかけた。

「我らが寺の前を通り過ぎようとすると、門前にいた猫が我らを見て手を上げ、しきりに招いていた。様子があまりに訝しかったため、寺に訪ね入ってみた。しばらく休息させてほしい」

和尚は急いで奥へ招き、渋茶を用意していると、たちまち曇りだし、雷雨を伴う夕立となった。和尚は心静かに三世因果の説法をしていると、武士は大いに喜び、この寺に帰依する気持ちとなった。「私は江州彦根の城主、井伊掃部頭(かもんのかみ)直孝である。猫に招かれ雨をしのぐことができ、貴僧の法談に預かれることは仏の因果であろう。これから、さらに親密に頼らせてほしい」と話し、寺を去っていった。

これが吉運を開くきっかけとなった。豪徳寺は井伊家の御菩提所となり、多くの田畑を寄進され、一大加藍となった。これもすべて猫の恩が福を招き、寄篤の霊験によるものであると称され、猫寺と呼ばれるに至った。和尚はのちに猫の墓を建てて、深く冥福を祈った。この猫の

三重塔(東側)

姿形を作り、招福猫児（まねきねこ）と称して崇め奉れば、吉運を呼び、家内安全、営業繁盛、心願成就すると言われ、誰もが知るところとなった。

この縁起は、豪徳寺がまだ弘徳院と称していた時代に起こった。『新修世田谷区史上巻』に和尚の名は天極秀道とあるが、『東京の歴史』には雪岑とある。どちらの文献でも、猫の名は「たま」

三重塔（北側）

井伊直弼墓

御朱印
猛々しさが伝わってくる。

招き猫電車
東急世田谷線の一部が招き猫電車に！ 会えたら幸せになれること間違いなし。

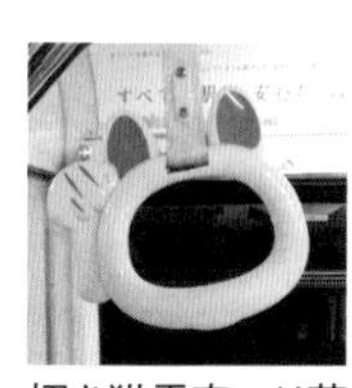
招き猫電車つり革
愛を感じる、凝った車内デザイン。

である。『東京府荏原郡誌』、『甲州街道の今昔』には猫塚の記述がみられる。『日本伝説の旅（上）』によれば、天正年間（一五七三～一五九二年）に猫塚が建てられた。世田谷の『区議会だより』に掲載された「和尚さんの猫が殿を招く」によれば、寛永十年（一六三三年）に猫が福を招いたと評判になり、門前に市ができるほどであったという。ちょうど豪徳寺を含む世田谷の地が彦根藩所領地となった年のことである。

現在流通している豪徳寺の招福猫児（まねきねこ）は小判を持たない素朴な白猫で、境内で購入できる。古くは木彫りや今戸焼の招き猫が売られていた。特に花柳界など、水商売や芸妓の信仰が厚かったようだ。木彫り作家・風天かいち氏は昭和二十年代に宮大工の父とともに境内に住み、木彫りの招き猫を売っていたことを今に伝える。

現在、招福殿に観音様を祀り、その眷属として招福猫児（まねきねこ）が祀られている。それゆえに猫観音と呼ばれることがあるが、本尊はあくまで観音様である。招福殿の脇にはおびただしい数の招き猫が並び、参拝客を圧倒する。昭和四十八年（一九七三年）頃までは地面に並んでいたが、のちに三段棚に並べられるようになった。過去には招き猫の描かれた大きな額が奉納されることもあったという。

猫の墓は、少なくとも『新修世田谷区史』の出版された昭和中期頃までは残っていたが、現存していない。猫塚の墓石を削って得た粉を店前に撒くと集客のご利益が得られると噂が立ち、削られて失われてしまったようだ。「招福猫児霊位」と書かれた位牌は現存しているという。

しかしながら、この招福猫児伝説が創作だと結論付ける研究者もいる。『世田谷の詩歌・歌謡・伝説』によれば、檀徒有志が参詣客を目的として、宣伝用に創作したと結論付けている。江戸時代の著名な資料（『江戸名所図会』や『新編武蔵風土記稿』等）に豪徳寺の紹介はあるものの、猫伝説にふれた書物は存在しない。確かに、筆者の知る限り、大正十三年（一九二四年）発行の『荏原郡誌』が最も古い。明治維新によって井伊家の庇護が潰えたため、創作された可能性は十分考えられる。

ただ、江戸時代の記述がないだけで創作と結論付けるには根拠が乏しい。広く知られるようになったのが明治期以降であった可能性もある。いずれにせよ、寺として積極的に猫伝承を宣伝するようになったのは、後ろ盾を失った明治期以降なのかもしれない。

実は、猫が直孝を招いた頃、弘徳院は吉良家の菩提寺であった。弘徳院（豪徳寺）は世田谷城址の中にあり、そこはかつて吉良氏の居住地であったことからも、その結びつきの強さがうかがえる。しかし天正十八年（一五九〇年）に吉良家は没落し、弘徳院はその後ろ盾を失っていた。そこへ猫の招きによって寺運を回復させることができた。二度にわたる危機を猫の縁で回避し、寺格を高めてきたことは、猫の福徳にほかならないだろう。

この招福猫児（まねきねこ）は彦根市のゆるキャラ「ひこにゃん」のモデルとなった。井伊直孝が彦根藩二代目当主であったことから、縁のある招福猫児（まねきねこ）に白羽の矢が立った。彦根市では、直孝を「招き猫に招かれた最初の人」としている。

結局、招き猫の発祥地はいまだ特定されていない。しかし、それにも勝る猫愛伝わる話を聞き、猫に頼る寺院、それに応える古き招き猫に思いを馳せるのも良いものだ。

豪徳寺 概要

『世田谷区資料第一集』によれば、文明12年(1480年)に吉良左京大夫頼高朝臣の娘である弘徳院によって創建された。世田谷城主であった吉良政忠が伯母の弘徳院を供養するために草創されたため、寺号を弘徳院と称した。もともと臨済宗であったが、天正12年(1584年)に曹洞宗へ改宗した。三世の雪岑が和尚であった寛永15年(1638年)に井伊家大檀家となり、すべての殿舎堂閣の修理が行われた。そのため、豪徳寺の過去帳には、開基は吉良政忠、中興開基を井伊直孝とある。井伊直孝は夜叉掃部の異名を持つ武士で、大坂夏の陣で活躍した。直孝は万治2年(1659年)に没し、法号を久昌院殿豪徳天英大居士とされた。その法号から、寺号を豪徳寺と改めた。桜田門外の変で暗殺された井伊直弼の墓も豪徳寺にある。平成18年(2006年)に猫の彫り物が施された三重塔が新たに建立されたため、ぜひ見つけてほしい。近くの勝光院には火車の爪が残されているが、公開はされていない。一般的に、火車の正体は化け猫と言われる。

\ここがみどころ!/

三重塔の猫すべて見つけられるかな? 四季折々の庭を眺めにたびたび訪ねたい。

アクセス&周辺の観光名所

所在地

東京都世田谷区豪徳寺 2-24-7

アクセス

- 東急世田谷線宮の坂駅より徒歩5分
- 小田急線豪徳寺駅より徒歩 10 分

周辺の観光名所

- 世田谷城址公園: 1分
- 下北沢駅: 15分
  豪徳寺(徒歩)~豪徳寺駅(小田急小田原線・新宿行き)~下北沢駅
- 代々木公園: 25分
  豪徳寺(徒歩)~豪徳寺駅(小田急小田原線・新宿行き)~代々木八幡駅

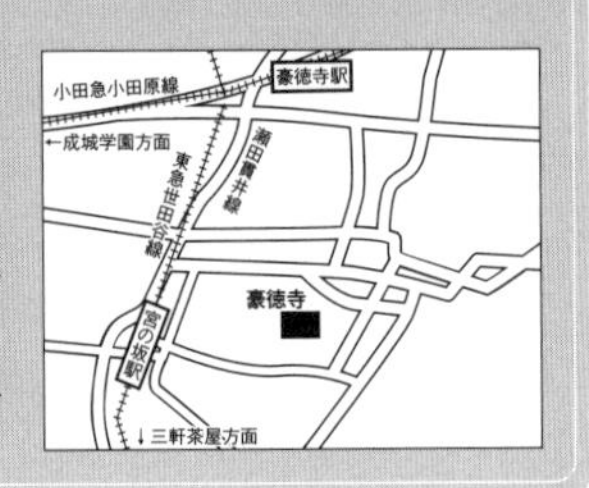

第8章

府中市・立川市・八王子市

浅間山
蚕影神社
喜福寺
森屋の池

府中市

浅間山（せんげんやま）

化け猫

姿なき猫の声

恐怖というのはありもしないものを勝手に作り出す。暗闇で揺れる白い布は白い着物の幽霊に、袖についたトマトのヘタが蜘蛛に見えたりする。猫でさえ、脇に置かれたキュウリにおののいて、蛇じゃなかったと安堵する。

昔、化けた猫は手拭いかぶって踊りだすと言われていた。実際は風に揺られた手拭いに我慢できず、じゃれつき、はしゃいでいたのではなかろうか。想像すると微笑ましい。しかし、化け猫を

浅間山
現在は公園として整備されている。

神戸新聞挿絵

信じて止まない人の目には、踊り狂っているように映ったのかもしれない。

府中の浅間山は、今でこそ整備された小高い丘で、街のオアシス（浅間山公園）となっている。しかし、明治期には薄気味悪く、人の寄り付かない土地であった。その山を舞台に、新聞沙汰になった猫の怪談話があるので紹介する。

空中の猫

明治十八、九年（一八八五、八六年）頃、小金井村に田中甚兵衛という若い大工がいた。臆病者で、夜の独り歩きもままならず、やむを得ないときには震える声で歌うことで気を紛らわすほどであった。

ある冬の晩、隣の多摩村からの帰り道、村境の

小さな社が立つ

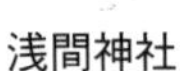

浅間神社

山林を通らなければならなかった。ここは浅間山に続いており、昔から気味の悪い大蛇や狐の噂が絶えなかった。近所の子どもは昼間すら避けて通る所であった。

　もの寂しさから嫌な空気を感じつつも、仕方なく通ろうと意気込むと、寒空はいっそう冷たく、身を切る風も激しく、震えが止まらない。平気を装い歌い出した声も、歯のカチ合う音ばかりで声にならない。それでも何とか頂上に着くと、トントンカチカチと、大工仕事のような音が聞こえてきた。時は深夜〇時。その音は低くなったり、太くなったり細くなったりする。不思議に思っていると、その音はだんだん近づいてくるではないか！　足速だった歩みも駆け足となり、たまらず逃げ出した。山林を抜けると、その音も止んだ。一息ついたのも束の間、一陣の冷風が甚兵衛のぼろ提灯をふっと消した。ヤッとした瞬間、頭上よりニャンニャンと猫の声がなびいてきた。慌てて上を仰いでも、何もない。満天の星の影が煌々と輝くばかりであった。青ざめて速足となっても、頭上から猫の声は止まない。甚兵衛の頭によぎるのは、佐賀の化け猫や鍋島の猫など、おどろおどろしいものばかり。真っ暗闇の中を無我夢中で駆け下りて、ここまでくれば大丈夫と肩をなでおろした瞬間、物凄い唸り声が鳴り響いた。甚兵衛はキャッとそのまま気を失った。その後、運良く同村の人に発見され、連れて帰ってもらえたそうだ。この地方では時々話題となる話であったという。

浅間山頂上
キツツキのドラミングがときおり聞こえる。街灯はなく、夜中には真っ暗となる。

この猫の声の正体について、新聞で言及されていない。木から降りられなくなった子猫の声か、山に棲みついた化け猫の声か、はたまた風でぶつかり合う枝音に恐怖した甚兵衛の生みだした幻聴か。現在、浅間山は風通しの良いのどかな小山となっており、府中市民のオアシスとなっている。夜は変わらず人気はないが、散歩はとても気持ちが良い。
ちなみにどうでもいい話だが、筆者は研究者ながら幽霊を信じている。興味ある人と研究者目線の幽霊談義をするのも悪くない。

都会のオアシス
天気の良いときには富士山も見える。

浅間山 概要

標高80メートルの丘で、古多摩川などに削られて形成された。堂山、前山、中山の3つからなり、府中唯一の山である。古くは鬱蒼とした地であったが、浅間山自然保護会や府中野鳥クラブなどにより保全されるようになった。戦時中は陸軍の火薬庫として利用されたのち、1970年に浅間山公園となった。山頂の浅間神社の創建年代は不明。ご神体は村内の清泉から湧き出たと伝えられ、御祭神を木花開耶姫命（このはのさくやひめ）とする

\ここがみどころ！/

木陰をそよぐ風の気持ちいい場所。夜は地面が見えないほど真っ暗闇。

アクセス＆周辺の観光名所

所在地
東京都府中市浅間町4丁目、若松町5丁目

アクセス
- 府 75・東府中駅バス停（武蔵小金井駅南口行き4分）～若松町4丁目バス停より徒歩2分

周辺の観光名所
- 多磨霊園：徒歩1分
- 東京競馬場：バス20分
  浅間山公園（徒歩）～若松町4丁目バス停（京王バス・府75・東府中駅行き）～東府中駅バス停
- 大國魂神社：バス25分
  浅間山公園（徒歩）～生涯学習センターバス停（ちゅうバス多磨町ルート・府中駅行き）～府中駅バス停

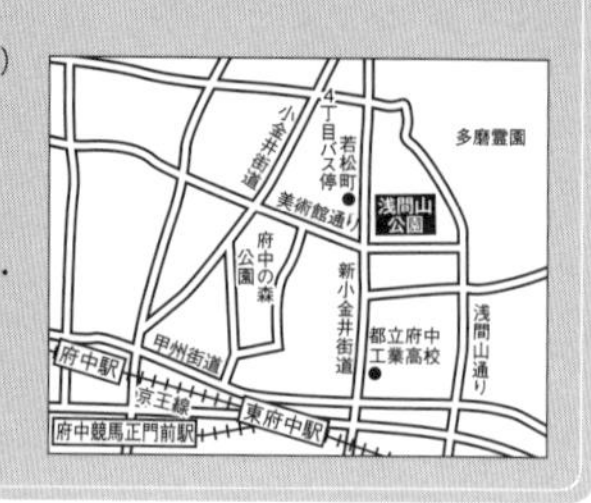

蚕影神社（こかげじんじゃ）

（金色姫命（こんじきひめのみこと））

猫への祈りは産業から傍らへ

人の世が変われば、神社に祈願される望みも変わる。猫への印象が変われば、人が猫を傍らに置く理由も変わるようだ。
ここ、蚕影神社は時代とともに役目を変えた猫神社であった。

養蚕の神様、猫を返す

蚕影神社は阿豆佐味天神社（あずさみてんじんしゃ）内に位置する。安政七年（一八六〇年）に茨城県つくば市神郡の蠶影神社から勧請された。金色姫命

蚕影神社
蚕影神社は阿豆佐味天神社の境内にある。

ただいま猫

阿豆佐味天神社

を御祭神とする。その名の通り、養蚕の神様として砂川地区の養蚕業の発展に寄与したことから、立川市史跡とされている。その時代、蚕の鼠害を減らすことから、猫は養蚕の神様として祀られることも多かった。

『日本の蚕糸のものがたり』によれば、養蚕の歴史は古く、弥生時代に遡る。平安貴族のきらびやかな衣服に重宝されたが、武家社会になると質素倹約により一時衰退するなど、日本史には養蚕業の盛衰がみられる。その転換期となるのが「開国」であろう。

東インド艦隊司令官ペリーが来航した六年後（一八五九年）、生糸の主要な輸出口となる横浜港が開港された。諸外国の自国産品の売り込み圧力に対し、生糸を最重要輸出品目にすることで、外貨獲得を図った。生糸生産は他国の援助を必要とせず、自国生産が容易なため、外貨の収益効率に優れた品目であった。また、当時は養蚕業先進国の生

絵馬

帰りを待つ絵馬たち

産が振るわず、日本にとって追い風となった。フランス、イタリアでは蚕の感染症（微粒子病）が蔓延し、清ではアヘン戦争の敗北、太平天国の乱により供給力が低下していた。このような好環境から、開港後三年で輸出量が六倍となったという。阿豆佐味天神社に蚕影神社が勧請されたのはこの時期と一致する。この頃、諸外国は国内の二倍の値をつけたそうだ。明治四十二年（一九〇九年）には世界最大の生糸輸出国となり、第二次世界大戦まで継続した。

しかし、昭和三十年代には養蚕業の衰退に伴い、蚕影神社への参拝客の足が遠のいた。

そんな折、昭和六十二年（一九八七年）の『芸術新潮』により、猫返しのご利益があると紹介され、「猫返し神社」として脚光を浴び始めた。

ジャズピアニストの山下洋輔氏が立川への引っ越しの際、連れてきた三匹のうち、白猫ミオが行方不明になった。

御朱印

矢を持った招き猫

探すこと十七日間、阿豆佐味天神社に出会った。蚕影神社にお祈りすると、次ぐ日、泥まみれのやせこけた姿で戻ってきたという。このことをエッセイとして載せると、猫の帰還を願う人々が集まるようになったそうだ。のちに、猫返し神社と呼ばれていることを知ったという。

　エッセイによれば、地元では昔から猫返し神社と呼ばれていたとある。しかし、神社関係者の方に話を伺うと、山下氏より以前は猫と神社は結びつきがなかったそうだ。神社のホームページでも「猫返し神社」の命名は山下氏と記載されている。

　現在では境内に狛猫ならぬ「ただいま猫」の像が参拝者を手招き、三毛猫の描かれた絵馬にはたくさんの訪問者が猫への思いを綴っている。

養蚕業を支え、近代化の一端を担ってきた猫は、その役目を終え、家族として人の輪に受け入れられた。人とのつながりが深くなった猫は、産業の発展よりも人の傍らにいることを望まれるようになった。絵馬を覗くと、皆様の愛猫が無事に帰ってきてほしいと願わずにはいられない。

山下氏は「残しておきたい日本」特集に「猫返し神社」を選んだ。それから三十年、彼の執筆により愛猫家の訪問が増え、神社の存続に寄与していた。山下氏の望みも叶ったようだ。

蚕影神社 概要

阿豆佐味天神社の歴史は古く、寛永６年（1629年）に殿ヶ谷の式内社阿豆佐味天神社から勧請された。医薬、健康、知恵を司る少彦名命（すくなひこなのみこと）、文学・芸術を司る天児屋根命（あめのこやねのみこと）を御祭神とする。砂川地区の養蚕業の発展に伴い、蚕影神社は安政７年（1860 年）に勧請された。元旦には日本一早いだるま市が開かれる。

＼ここがみどころ！／

猫絵馬にただいま猫。オリジナル招き猫と、猫好き心をくすぐりまくる！

アクセス＆周辺の観光名所

所在地

東京都立川市砂川町 4-1-1（阿豆佐味天神社内）

アクセス

- 立13・立川駅北口バス停（イオンモール行き 10 分）～砂川四番バス停より徒歩すぐ

周辺の観光名所

- 昭和記念公園：10分

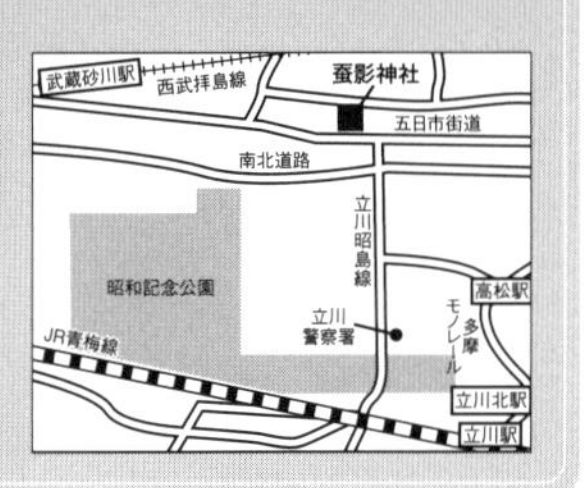

喜福寺(きふくじ)

（単立〔真言系〕）

熱い粥と猫の歌

宅急便屋の黒猫が熱いミルク粥を食べてヒクッ！となる映画を見た人も多いだろう。熱い粥を食べて舌を火傷した猫は昔から多いようで、昔話にもたびたび登場する。猫が猫舌なのは変わらないようだ。

ここ喜福寺には、粥が原因で集会に遅刻した猫の伝説が残っている。夕暮れ時に訪問したにもかかわらず、住職の奥様が嬉々としてお話を聞かせてくれた。寺に伝わる里謡とともに紹介しよう。

本堂
2階にはたいへん立派なご本尊が祀られている。

三日三晩踊る猫

江戸からの帰路、日野ヶ原に差し掛かった夕刻時、喜福寺の住職は不思議な声を聴いた。あたりを見回してみると、数十匹の猫が集まり、「キフクジが来ない、キフクジが来ない」と言っていた。すると、見覚えのある猫が息切れしながらやってきた。それは寺の飼い猫であった。やれやれと話しはじめる。

「留守番のジジイに熱い粥を食わされてひどい目にあった。舌を火傷してしまった。遅れたのはそういうわけだ」

さて踊ろうと輪をつくり、手拭いを頬被りして囃し立て、「キーフクジが来たぞ、さっさと踊ろう」と、踊りだした。驚いた住職はそのまま寺へ戻った。すぐさま寺男に話を聞くと、確かに熱い粥を食わせたという。よくよく考えると、その猫は立ったまま戸棚を開けたり、逆立ちしたり困ることがたびたびあった。飼い猫が化けるようになったと思った住職は、翌朝に猫を呼びつけ、猫を追い出すことにした。おとなしくかしこまっていた猫であったが、一つだけお願い事があるという。お別れに裏山で三日三晩踊り明かしたいということであった。よろしいと許可を出すと、その夜から数千匹の猫が集まり、踊り狂った。三日三晩経つと、夢か幻だったようにいな

ノラちゃん①
やや警戒心が強いご様子。

ノラちゃん②
この猫も手拭いさらって踊りに行くだろうか。

くなったそうだ。

『日本昔話通観』によれば、熱い粥を食べて死んだ喜福寺の猫が化けて踊る話も収録されている。氷を供えると化けてでなくなったそうだ。

喜福寺の猫伝説は地域に根付いていたようで、里謡も伝わる。『喜福寺小史』によれば、次のような歌である。

喜福寺の猫は何見てはねる
　かんのん参りを見てはねる
（囃し）キフクジが来たぞ
　　サッサトオドレ
喜福寺の猫は何見ておどる
　小池の小鮒（こふな）を見ておどる
（囃し）同右

『八王子周辺の民話』によれば、かんのん参りの行の後、「十五夜お月さま見ておどる」と、童謡の「うさぎ」と同じ歌詞が付くこともあるようだ。メロディも同じであろう。

今でも喜福寺周辺では手拭いがなくなったとき、喜福寺の猫に呼ばれた飼い猫が手拭いをさらっていったと言うそうだ。

この伝説の大元は八王子歴史研究の第一級資料である『桑都(そうと)日記』に書かれている。こちらも紹介する。

桑都日記の猫伝説

原文のあと、意訳を載せる。

宝永初年中野村喜福寺猫与狐狢遊人立而舞　中野村在浅川北岸　去千人町十五六丁喜福寺憑山結構眺望佳地　寺主日長光　長光嘗愛猫畜之也久矣　老与狐狢交化作人語　或晴霄月夜与狐狢為群歌舞踊躍　其辭曰中野乃喜福寺何遠見底躍留十五夜御月遠見底躍留　土人聞是謡者伝以為奇譚　今猶膾灸于人口是以載此一説　按謝肇淛曰金華家猫三年以上輙能迷人然則喜福寺猫老而変化亦不敢可誣之也

宝永初年、中野村喜福寺の猫、狐狸が人間のような立ち姿で遊び踊る。中野村は浅川北岸にある。千人町まで十五六丁離れた喜福寺は山に依り、結構眺めの良い地である。寺主は長光といった。かつて、長光は愛猫を長いこと飼っていた。老猫と狐狸は交わり、人語を話すようになった。ある晴空の月夜、猫は狐狸と集まり、歌い踊った。その言葉いわく、「中野の喜福寺、何見て踊る。十五夜お月見て踊る」。地元の人がこれを聞くと、奇譚として伝えられた。今なお興味をそそる話題となっている。これは一説としてここに載せる。調べると、謝肇淛（しゃちょうせい）いわく、中国浙江省金華地方では、人間に三年飼われた猫は人を迷わせる能力を持つようになるという。それならば、喜福寺猫は年老いて変化したと考えられるため、作り話というわけではないようだ。

一般的な動物栄養学では、猫は真正の肉食動物で、炭水化物の消化が比較的苦手と言われる（全く消化できないわけではない）。しかし、このような説話を聞くと、米文化の根強い和猫は他国産の猫と比べて炭水化物消化が得意なのではと考えてしまう。近年ではペットフードが普及し、夕飯時にアツアツの分け前をいただくことは少なくなった。しかし、とある研究では猫は人肌よりやや温かい三十八度くらいの食物を最もおいしく感じると報告されている（『小動物の臨床栄養学』より）。カリカリをレンジでチンしても香り立つ。いつも冷たいペットフードばかりでなく、たまには温かい食事を用意してみてはいかがだろうか。

御朱印

喜福寺 概要

『喜福寺小史』によれば、開基は亮慶とされ、永享元年（1429年）に創建されたと伝わる。墓地の枝垂れ桜は創建時に植えられ、樹齢は約600年となる。本尊を不動明王とし、昭和46年（1971年）12月にコンクリート製の本堂を建立した。前本堂を解体後、軒下から猫が17匹現れたのを機に猫を飼いはじめたという。喜福寺では葬儀の際、「終の道・送る詩」として、諷誦文（ふじゅもん）を読み上げる。人生は苦労が絶えないが、その中の楽しみが人生に花を添え、彩を加える。人生の重み、意味に光を当てることで、はなむけとしている。

＼ここがみどころ！／

境内にはたくさんのにゃんこ!!　触れるほど慣れてはいないが、伝承に通じている。

アクセス＆周辺の観光名所

所在地

東京都八王子市中野山王 2-11-11

アクセス

●暁21・八王子駅北口バス停（西東京バス・中野団地行き10分）～中野山王バス停より徒歩６分

周辺の観光名所

●東京富士美術館：バス20分
喜福寺（徒歩）～稲荷坂下バス停（西東京バス・16号 06・馬場谷戸行き）～創価大正門東京富士美術館バス停

●高尾山：バス20分

八王子市

森屋の池

置いてけぼりの猫

化け猫

猫は交尾したときのみ排卵する特殊な生理特性を持つ。そのため、交尾をすれば九割の確率で妊娠する。その繁殖能力の高さから、飼いきれなくて野山に泣く泣く「置いてけぼり」にされた猫はたくさんいたようだ。

言うまでもなく、「置いてけぼり」とは、置き去りを意味する。猫を置き去りにするとはけしからん。ところで、この「置いてけぼり」の語源はなんだろ？　と思ったことはないだろうか。

森屋の池
このあたりは昔から自然に水が湧き出て、池となっていたらしい。現存する２つの釣り堀はどちらも約50年前に掘られたものだという。

この言葉の語源はある昔話が由来であった。そのモチーフの一つに、猫が登場する話があるので紹介しよう。

森屋の池
現存する池。野良猫が池の魚を捕ることもあるという。

置いてけ堀の猫

森屋の池には、昔からハヤ釣り目当ての人がよく集まっていた。ハヤとは、国産のコイ科淡水魚で、中型の細長い魚の総称である。ある日、大量のハヤを釣った三人の子どもが帰路に就こうとすると、大きな声で「置いてけ」と聞こえてきた。恐ろしくなり、三人は魚を置き去りにして逃げ帰った。その後、森屋の池では似たような話が続き、釣り人の足が遠のいてしまった。

不思議に思ったタメ爺は池に行くと、確かに「置いてけ」と大声が聞こえる。あたりを調べると、女が大声で「置いてけ」と叫んでいた。狐が化けているとにらんだタメは樫の棒で女を殴りつけた。すると、女から尻尾が現れ、さらに打ちつけると猫の姿となり、死んでしまった。それ以来、怪異はすっかり止み、再び釣り人であふれるようになったという。

このように「置いてけ堀」とは、「置いてけ～」と怪声の聞こえる池堀のことだった。怪異の正体は狸や河童とも言われるが、水産学者の末広恭雄『魚と伝説』によれば、ギバチという淡水魚が体表のとげから出した音に驚いた人が作り出した怪談話であると考察している。この怪談では置き去りにされた魚は一匹残らず消えるというが、野生の猫がさらっていった可能性が高いとも考察している。

野山に置き去りにされた猫が人に恨みを持ち、怪異を起こしたのだろうか。この森屋の池の怪異は、猫を捨てることの浅ましさを表しているのかもしれない。

森屋の釣り堀は約五十年前に開業し、今でも釣り人で賑わっている。猫が増えても困るので、「置いてけ〜」と聞こえてきたら、魚の魂だけお供えしてほしい。

森屋の池 概要

創業50年で現在も釣り人で賑わう。コイの池と金魚の池があり大人も小さい子どもも楽しめる。2010年９月に公開されたバンド映画『BECK』のロケ地にもなった。

\ここがみどころ！/

釣り堀は初心者にもおすすめ。のんびり過ごしたいとき、自然にふれたいときに来てみては？

アクセス＆周辺の観光名所

所在地

東京都八王子市西寺方町 887

アクセス

- 霊園11・高尾駅北口バス停（西東京バス・宝生寺団地行き14 分）〜陵北大橋バス停より徒歩８分
- 陣01・八王子駅北口バス停（西東京バス・宝生寺団地行き28 分）〜陵北大橋バス停より徒歩８分

周辺の観光名所

- 東京サマーランド：80分
  森屋の池（徒歩）〜陵北大橋バス停（西東京バス・陣01・京王八王子駅行き）〜横山町バス停（西東京バス・ひ 07・秋川駅行き）〜サマーランドバス停

第9章 青梅市

巌の琴平神社
常保寺
住吉神社

青梅市

巌の琴平神社

（主祭神：大国主命、崇徳天皇）

山から見守る産土の招き猫

招き猫
猫神様
養蚕
御朱印

青梅市梅の公園を西に進むと、日の出山や御岳山に続く鳥居が現れる。ここから、琴平神社への登山が始まる。登ること約三十分、見晴らしの良い巌の上に、琴平神社が鎮座していた。

青梅は田を作るには不向きな土地柄で、林業、茶園、養蚕が産業の中心であった。なかでも養蚕は生活の支えだったようで、その地域の信仰から養蚕の重要性が垣間見える。琴平神社は山の上からずっと見守ってきたようだ。

拝殿
見晴らしの良い切り立った岩の上に建立されている。建て直した宮大工は建材を担いでこの山道を往復したため、たいへん苦労したそうだ。

宮内の招き猫
比較的新しいため、まだ奉納している人がいるのかもしれない。

招き猫信仰

神社の中にはたくさんの招き猫が奉納されている。看板によれば、明治期に養蚕が盛んになった頃、繭の当たり年に猫の焼き物が奉納されたという。地元の方によれば、特に商人が招き猫を奉納していたようだ。猫は蚕を食べず、蚕の天敵である鼠を捕ることから、猫は養蚕家に重宝されてきた。ある地域では神格化され、猫自身が養蚕の神様として祀られる所もある。

琴平神社の改修を担った宮大工の方に話を伺うと、新しい招き猫を奉納したときには、同時に招き猫を一つ借りてくる風習があったという。これを家に祀り、また豊作を祈るそうだ。

過去には巌屋の下に東屋もあったが、現在は空き地となっている。掛けられていた絵馬は琴平神社に架けられている。

日の出山登山道入口

ふもとの景色
集落が一望できる。

巌の琴平神社遥拝所

ふもとの天澤院には琴平神社の遥拝所がある。山中をひたすら登る必要があるため、足の悪い人やご高齢の方など、山を登れない人々からの強い要望があり、ここに建てられたそうだ。今では養蚕業の豊作を願う人はからっきしになったというが、産土神として今も大切に祀られている。お稲荷様の中にお猫様が鎮座する家もあるという。話を伺う地元の方々のキラキラしていることといったら。私の役目は猫伝承と土地の方々の在りし日を記録することだと思った地であった。

下山して日向和田駅に向かう途中、青梅きもの博物館の付近を通る。招き猫信仰が支えた織物産業を見に、ふらりと立ち寄ってみてはいかがだろうか。

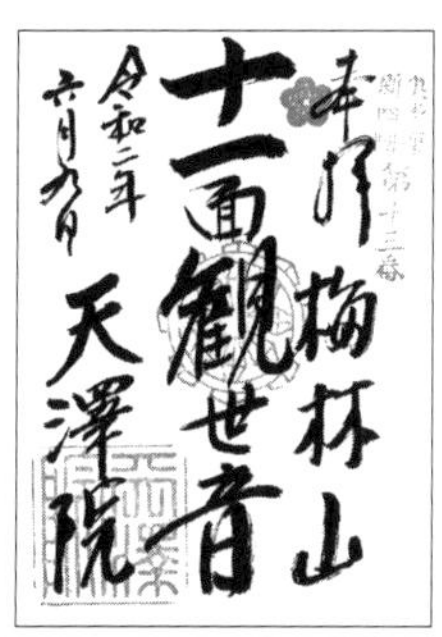

天澤院の御朱印

遥拝所のある天澤院は奥多摩新四国霊場八十八ヶ所13番となる。

遥拝所

巌の琴平神社 概要

巌の琴平神社に関する文献は少ない。『皇国地誌・西多摩郡村誌２』によれば、創建年代は不明とされ、大国主命、崇徳天皇を主祭神とする。もともと、金毘羅大権現と呼ばれていたが、明治維新の際に琴平神社に改称した。『稿本青梅市史第６集』によれば、遥拝所のある天澤院は慶長８年（1603年）に天江東嶽が創立したと伝えられる。曹洞宗の寺院で、奥多摩新四国霊場八十八ヶ所13番である。十一面観世音菩薩をご本尊とする。

\ここがみどころ！/

神社までの道もそれほど険しくない。山中の猫神様に会いに、体を動かすのも気持ちが良い。

アクセス＆周辺の観光名所

所在地
東京都青梅市梅郷４丁目

アクセス
- JR青梅線日向和田駅より徒歩１時間

周辺の観光名所
- 青梅きもの博物館：40分
- 梅の公園：40分
- 日の出山：2時間30分
- 御岳山：3時間15分

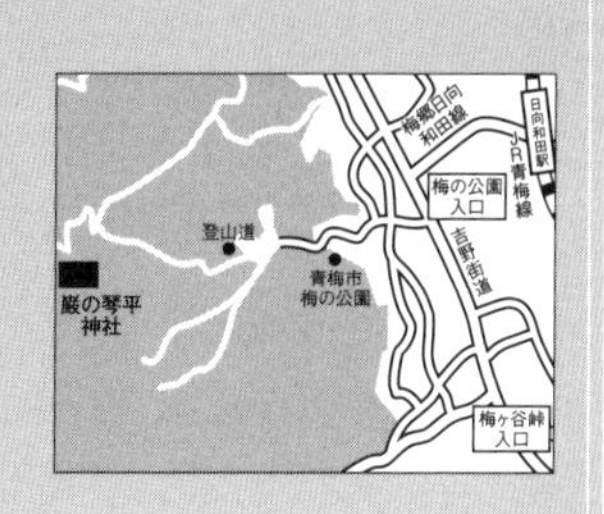

常保寺（じょうほじ）（臨済宗）

どんつく様の猫地蔵

ガチャンと織れば万の金。機織りの動作一回で万単位のお金が稼げる。略してガチャ万景気。そんな夢物語を体現したガチャ万の地として語られる場所が常保寺の地域であった。

一般的に養蚕の神様として祀られることの多い猫地蔵であるが、この地域では養蚕は盛んではなかった。実は、機織りの盛んな地域であった。

昭和二十五年（一九五〇年）の朝鮮戦争により、軍服や衣類の

本堂

猫地蔵

法華経（どんつく堂）が由来のため、背面（右）には「南無妙法蓮華経」が彫られている。

材料となる繊維製品の需要が一気に高まり、繊維業界のガチャ万景気が始まった。

『青梅織物　青梅縞から青梅夜具地へ』によれば、青梅は日本有数の織物産地で、歴史は古く、久安五年（一一五〇年）に始まる。明治五年（一八七二年）に青梅夜具地の前身となる双子縞、紅梅縞、黄八格子が生産されはじめ、ガチャ万景気には夜具地全国シェアの六割を占めるほどとなった。

常保寺の猫地蔵はこの地の織物産業を見守り続けてきたようだ。

どんつく様の猫地蔵

寺内の看板によれば、昭和初期に裏宿町のどんつく様（お堂）の廃寺に伴い、引き取られた。ど

大涅槃図の猫
猫に見えなくもない。

大涅槃図

んつくとは日蓮宗のことで、日蓮宗で用いられるうちわ太鼓の音に起因する。その他、愚鈍な人や下等な木綿の綿入れというような意味がある。地蔵の背面に「南無妙法蓮華経」とあることから、おそらく日蓮宗寺院のことを指すのだろう。開運招福、商売繁盛のご利益がある。

しかし、残念なことに、なぜ招き猫地蔵が建てられたのか、寺院には伝わっていない。常保寺の住職は、機織り商売と招き猫の関係があったのではないかと話していたが、実際のところはわからない。もともと無人の寺にいたようで、一部の限られた地元民に信仰されていたのかもしれない。

猫地蔵の背はピンと張りつめ、猫背もない。凛とした立ち姿は、きっとこの地の産業を支えたに違いないと思わせる。

大涅槃図

高さ三メートルもある大涅槃図は、毎年二月十五日から三月十五日まで特別公開されている。涅槃図とは、釈迦の入滅（亡くなった）を描いたものである。釈迦の命日である二月十五日にちなんでこの日程にしているようだ。最近になって、この中には虎や豹のほか、猫も描かれていることが判明した。いくつかの理由で、猫が涅槃図に描かれるのは珍しい。

『四季物語（二月）』には、猫という獣は優しい様子もあるのに、心がねじけ曲がっていて、仏の別れも悲しくないから涅槃会に立ち会わないとある。また、『日本俗信辞典』によれば、干支の起こりの説話に、釈迦入滅時に馳せ参じなかったという話も普及していた。その理由は説話によって様々だが、仏壇の団子を食べたかったからといった残念な一例もある。さらに、『昔話研究資料叢書　飯豊山麓の昔話』には、猫が原因で釈迦が入滅したという説話もある。天竺まで薬を取りに行った鼠を猫が捕って食べてしまったため、間に合わなかった。このような理由で、仏教に嫌われ者の猫は干支にも数えられず、涅槃図に描かれることが少ないという。ただ、仏教伝来時に日本では猫という動物が知られていなかったため、干支や涅槃図にいないという説もある。

仏教の伝来時、法典を鼠害から守るために船に乗せられたはずなのに、風当たりが強いのは、猫にも不満が残るだろう。

オリジナル御朱印ミニ

授与されるミニ御朱印はマッチ箱サイズ。

オリジナル御朱印帳

涅槃図が柄になっている。経文のような素材感。

様々な御朱印

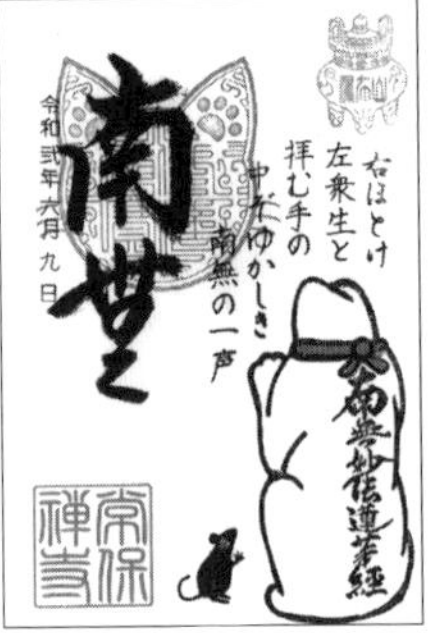

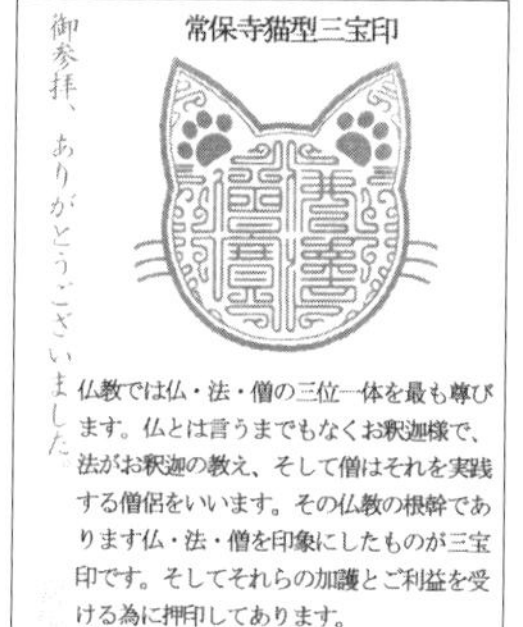

三宝印

御朱印を授与いただくと、猫型三宝印の説明がもらえる。

御朱印ミニ

猫だけでなく、アマビエ（妖怪）など様々な種類が用意されている。季節によっても変わる。

寺院のパンフレットによれば、大涅槃図は一七二〇年頃に描かれたと考えられ、その頃にはこのあたりでも猫が広まっていたことだろう。

青梅は昭和レトロな街並みから、猫町に生まれ変わりつつある。定期的に猫にまつわるイベントも行っている。晴れた日には少し遠出して、猫の街並みを見ながら猫地蔵をお参りする、そんな休日も良いかもしれない。

常保寺 概要

『稿本青梅市史第６集』によれば、応永年間（1394～1428年）に創建された。開基は不明。現在、本堂には御本尊の釈迦牟尼如来像のほか、脇侍菩薩立像（日光・月光）などが安置されている。元来は真言宗であったが、1400年代に武田信玄の菩提寺である塩山恵林寺の働きにより臨済宗となった。寺号瀑布山の由来となった白滝は別名・富士向きの瀧と言われ、現在は青梅市立美術館となっている。境内の白滝不動尊の本尊である倶利伽羅龍王は水と関連のある商売人が信仰していた。ガチャ万景気の頃には芸者などに広く信仰されていたという。境内には赤神社（ちゃくしん）の石神社があり、目の神様として祀られている。地元には「オシャモジ様」と呼ばれ、親しまれている。

＼ここがみどころ！／

数多の猫御朱印はファン垂涎もの‼　四季の御朱印を集めよう。

アクセス＆周辺の観光名所

所在地
東京都青梅市滝ノ上町1316

アクセス
●JR青梅線青梅駅より徒歩５分

周辺の観光名所
●青梅市立美術館：徒歩1分
●住吉神社：徒歩10分

住吉神社（すみよしじんじゃ）

（主祭神：表筒男命（うわつつのおのみこと）、中筒男命（なかつつのおのみこと）、底筒男命（そこつつのおのみこと））

猫まみれ町の猫神様

ペットフードの開発をしていると、猫と犬の飼育者が全く異なることに気づく。犬飼育者は飼っている犬と同じ犬種を好む。プードルばかり連れて歩く人を見たことがあるだろう。しかし、猫飼育者は猫ならなんでも大好き。日本の飼育猫の大半が野良出身の和猫であるが、自身の飼育する猫の毛色も何も関係ない。猫とみれば何でも好む。愛をこめて「見境がない」と共感している。

拝殿

阿於芽猫祖神

我々飼育者はそんな猫のしもべであるが、猫と聞けば何でも飛びつく我々の習性が、ついに街を一つ猫まみれにするに至った。これまでとは打って変わり、最近になって建立された猫神様を紹介する。

阿於芽（あおめ）猫祖神

宿場町であった青梅は、猫によって鼠害から守られたことがあるそうだ。また、神社創建時、供物を食い荒らす鼠を退治した猫の伝承があったという。

平成十年（一九九八年）、第八回青梅宿アートフェスティバル「招き猫たちの青梅宿　招き猫サミット」が開かれた。その際、商売繁盛と地域の隆盛を願い、青梅商店街から奉納されたのが「阿

恵比寿猫

大黒天猫

於芽猫祖神」である。この神様は大阪住吉大社の末社「楠珺社（なんくんしゃ）」で授与される初辰猫（はったつ）（招福猫）を元に生み出された。

楠珺社では毎月最初の辰の日にお参りする「初辰参り」で有名である。商売繁盛、家内安全のご利益があり、お参りすると小さな初辰猫が一体授与される。これを四十八体集めると、満願成就となり、大きな初辰猫と交換してもらえる。青梅と大阪の住吉大社は共通して猫と関わりがあり、招き猫サミットのコンセプトに一致することから、「阿於芽猫祖神」が生み出されたという。

阿於芽猫祖神は一の鳥居左脇、招福殿に鎮座している。烏帽子をかぶった宮司の姿で、左手にまたたびを一枝握り、青い瞳を映している。二の鳥居両脇に鎮座する恵比寿猫、大黒天猫も共通して

『夏への扉』は有名な猫小説

猫であふれる街並み

青い瞳をしている。

近年では萩原朔太郎の小説『猫町』にちなんで、「青梅猫町物語　西ノ猫町」というイベントが開催されている。二〇二〇年は三月十四～十五日の二日間の開催が予定されていた。イベントに限らず、駅前、博物館、カフェ等は猫であふれかえっている。もちろん、生猫も見かけられるし、猫グッズも豊富に制作されている。商売繁盛の猫神様に導かれ、勝手気ままに訪ね歩いてみたい所だ。

御朱印

阿於芽猫祖神（右）と初辰猫（左）

阿於芽猫祖神のお札
昭和幻燈館でまだ入手できる。

住吉神社 概要

『青梅郷土史』によれば、応安２年（1369年）、延命寺の創建と同時に、初代・季竜の故郷である摂津国の住吉明神を稲荷山に勧請した。御祭神を表筒男命、中筒男命、底筒男命、神功皇后の四柱とする。拝殿天井の雲竜図は文政７年（1824年）、青梅出身の小林天淵に描かれた。現在は市有形文化財とされている。

＼ここがみどころ！／

阿於芽猫祖神のまねき猫はもう入手困難……。要望が多くなれば再販される かも!?

アクセス＆周辺の観光名所

所在地
東京都青梅市住江町 12

アクセス
●JR青梅線青梅駅より徒歩５分

周辺の観光名所
●常保寺：徒歩 10分

わねこらむ③

臼杵権現の養蚕の神様

臼杵山山頂に鎮座する小さなお社、臼杵神社は猫の像がある。ネットや世間では、このようなことがまことしやかに語られている。しかし、残念ながらその正体は猫ではない。

檜原村元郷のバス停で降りて少し歩くと、臼杵山登山口が現れる。臼杵山は標高八百四十二メートル程度。一時間半ぐらい登ると、山頂の臼杵神社に到着する。

『新編武蔵野風土記稿』によれば、応永四年（一三九七年）、前身となる臼杵権現は兵庫佐繁宗により柏木野の機立に建てられた。その後の永禄三年（一五六〇年）、現在の地へ遷座された。『武蔵名勝図会』（一八二二年）によれば、永禄三年（一五六〇年）に馬の蹄音が煩わしいという霊夢があったため、現在の地に移ったという。現在、兵庫佐繁宗の子孫である坂本家により管理されている。

小社の左右両脇、新しく建てられたお狐様像の奥に、崩れかけの動物像が建てられている。立耳、長いマズル（口吻）、巻いた尻尾は山犬を連想させる。像の口の開閉は、狛犬の表す阿吽と一致する。管理者によれば、この像は近世以降に作られたと伝承されているようだ。

この小社のある檜原村はニホンオオカミの生息地として知られ、狼をオイヌサマと崇め、像を立てて祀る、狼信仰の厚い地であった。この地の狼信仰については、武蔵大学・西村敏也氏のレポート「檜原村の狼信仰」に詳しい。狼にまつわる伝承も数多く語られてきた。

大岳神社と貴布祢神社はその信仰の中心の一つで、それぞれオイヌサマ像が奉納されている。大岳神社では四月の例大祭でオイヌサマのお札が頒布される。この両社に鎮座するオイヌサマ像は、臼杵神社の像にとてもよく似ている。臼杵神社の祭礼（五月五日）で氏子に配布されるお札もオイヌサマが描かれている。このような背景から、臼杵神社の像はオイヌサマであると考えられている。

臼杵神社の像が猫であると誤解を生んだのは、倉稲魂命を養蚕業の守護神として祀っていたためであろう。古くは瀬戸物の招き猫を守り神とし、毎年二月初午の日に神社から一つお借りして、養蚕の成功を祈願する風習があった。そのお礼として、次ぐ年には二つにして収めるのが習わしであった。

この風習から臼杵神社の像を猫と誤解し、流布した情報源は宮内敏雄の『奥多摩』であると考えられている。この書籍は当時の奥多摩地区ガイドの代表格であったため、誤った情報が広く流布したようだ。

現在は養蚕も廃れ、需要がなくなった。そのため、二〇〇〇年頃に勧請先の榛名山へご神体を返却したそうだ。現在では伊邪那岐命、伊邪那美命を御祭神とする。

古猫を調べていると、ネットに真偽不明の猫話があふれていることに気づく。私自身、たびたび誤った猫の噂話を拾うことがある。その真偽を調べるには、自分で古文書を開き、現地へ赴き、地元の話に耳を傾け、証拠を得るしかない。正しい猫の情報を広めたい一心で、ここに筆を執った。本書で紹介した古猫話は、ぜひ現地へ赴き、自分で見定めてほしい。

オイヌサマ(阿)

オイヌサマ(吽)

臼杵山登山口

臼杵神社

おわりに

博士号を取得後、ご褒美として和猫旅を始めた。徳島、大阪、京都、愛知と一日一府県移動し、その地の猫伝承を訪ねた。和猫目的なのに、スナメリを拾うサプライズで締めくくったのだが、好奇心を十分に満たす旅であった。ちなみに、このスナメリは、農林水産大臣の許可を得て骨格標本とし、我が家で出番を待っている。そして夏を待ち、すぐに本格的な和猫旅を手配した。目的地は新潟。勇んで出かけたのだが、取材を進めるうちに伝承が失われつつある現実を知ることになった。例えば、山奥に鎮座しているはずの猫又像が、豪雨によって所在不明ということもあったのだ。

その後、本業の関係で米国へ留学したため、和猫旅は一時中断となった。このとき愛猫マイルも飛行機に乗ったが、二重の意味で猫のマイルはたまらなかったとか。留学中も猫への興味は尽きず、シカゴのフィールド自然史博物館にて出会ったバステト神（猫のミイラ）を見て、胸が熱くなった。この中の誰かが愛猫のスゥやマイルのご先祖様かもしれないと、はるかな血脈に思いを寄せ、そのルーツをたどりたくなった。

帰国後、都内の猫伝承に関する文献を読み漁った。文化の中心地、東京には貴重な古い書物がたくさん残されている。しかし、取材を進めると、東京大空襲などで多くの遺物が失われてしまったことを知った。新潟での経験や東京での調査などを通し、自然災害や人災などによって消えていってしまう猫伝承を後世に残さねばという気持ちが高まり、和猫研究所を立ち上げるに至った。和猫研究所はツイッターにて「和猫のあしあと」を紹介するとともに、世界中の猫にまつわる楽しい話題を提供している。

さて、本書が誕生した経緯について簡単にふれておきたい。とある獣医学会の懇親会で、緑書房の方々と出会うことができた。そこで和猫研究所としての活動をお話ししたところ、興味をもってもらえた。後日、企画書をまとめ、原稿を送付したところ、出版について快諾いただけたのだ。猫が引き合わせてくれたこのご縁に感謝するとともに、自然科学書とりわけ動物に関する良書を多数世に出している同社から出版できることを光栄に思う。

しかし、執筆を始めたのも束の間、コロナ禍で図書館は閉鎖され、資料の閲覧が困難な状況に陥った。先行きが見えず気をもんだが、自粛期間終了後に図書館も再開し、原稿を仕上げることができた。今は無事に書き終えられたことに安堵している。本書出版時点においては旅行もままならない状況に変わりはないが、本書により、都内に住まう人には近辺の猫伝承に目を向け、楽しんでほしいと願う。それ以外の地域の人には、日本人と猫の古くからの絆を確かめるとともに、猫旅気分を味わってほしい。いずれにせよ、一日も早くコロナ禍が収束し、誰もが気軽にふらっとお出かけできる状況に戻ることを祈る。さらには、本書がコロナ禍の影響を受けた東京の寺社や地域の助けになることを切に願う。

本文内でも紹介しているが、日本では猫の飼育頭数は犬を上回っている。日本人にとって猫が最も重要なパートナーとなった歴史的瞬間に本書を残せることをたいへんうれしく思う。

最後に、執筆を支えてくれた愛猫のスゥとマイル、そして妻に感謝し、本書を捧ぐ。

二〇二〇年初秋　著者

- 荒川千尋、招き猫百科、インプレス、東京、p.59、2015年
- 猫とも新聞第39号９月号、ムウズスーパーオフィス、埼玉、2013年
- 青梅小学校郷土誌編集部、青梅郷土誌、青梅小学校、東京、p.20-21、1941年

わねこらむ① リアル猫娘まつ

- 鈴木棠三・小池章太郎、近世庶民生活資料 藤岡屋日記第4巻、三一書房、東京、p.161-162、1989年
- 南和男、内閣文庫所蔵史籍叢刊第36巻 安政雑記、史籍研究会、東京、p.61、1983年
- 氏家幹人、江戸の怪奇譚、講談社、東京、p.99-101、2005年

わねこらむ② 大黒坂の猫又

- 松林伯知、江戸名物麻布七不思議、三新堂、東京、p.1-144、1898年
- 龍渓書舎編集部、東都新繁昌記、龍渓書舎、東京、p.167-169、1992年
- 村岡淳、続・麻布の名所今昔、永坂更科、東京、p.38-39、1974年

わねこらむ③ 臼杵権現の養蚕の神様

- 片山迪夫、武蔵名勝図会、慶友社、東京、p.494-495、1972年
- 蘆田伊人、新編武蔵風土記稿第二巻、雄山閣、東京、p.84、1972年
- 西村敏也、檜原村の狼信仰（武蔵大学総合研究所紀要）、武蔵大学総合研究所、p.22、176-163、2012年
- 宮内敏雄、奥多摩、昭和刊行会、東京、p.100-105/276-282、1944年

- 稲田浩二・小澤俊夫、日本昔話通観第９巻、同朋舎出版、京都、p.45-52、1988年
- 村岡栄俊、本堂落慶本尊入仏記念喜福寺小史、喜福寺、東京、p.2、1972年
- 塩野適斎、桑都日記、鈴木龍二記念刊行会、東京、p.17、1973年
- Hand MS, Thatcher CD, Remillard RL, et al. 小動物の臨床栄養学 第４版、日本ヒルズ・コルゲート、東京、p.340、2001年

八王子市 森屋の池

- 稲田浩二・小澤俊夫、日本昔話通観第９巻、同朋舎出版、京都、p.148、1988年
- 岡崎柾男、両国・錦糸町むかし話 母が子に語る、下町タイムス社、東京、p.18、1983年
- 末広恭雄、魚と伝説、新潮社、東京、p.55-57、1977年

青梅市 巌の琴平神社

- 青梅市文化財保護委員会、皇国地誌・西多摩郡村誌２、青梅市教育委員会、東京、p.335-336/343-344、1976年
- 青梅市史編纂会、稿本青梅市史第６集、青梅市教育委員会、東京、p.31、1964年

青梅市 常保寺

- 「青梅縞から青梅夜具地へ」編集委員会、青梅織物 青梅縞から青梅夜具地へ、青梅夜具地夕日色の会、東京、2013年
- 鴨長明、鴨長明全集、貴重本刊行会、東京、p.459-461、2000年
- 小林祥次郎、日本古典博物辞典 動物編、勉誠出版、東京　p.28、2009年
- 鈴木棠三、日本俗信辞典、角川書店、東京、p.462、1982年
- 武田正、昔話研究資料叢書、飯豊山麓の昔話、三弥井書店、東京、p.113-114、1973年
- 青梅市史編纂会、稿本青梅市史第６集、青梅市教育委員会、東京、p.9、1964年
- 青梅小学校郷土誌編集部、青梅郷土誌、青梅小学校、東京、p.36-38、1941年
- 青梅市史編纂委員会、青梅市史下巻、青梅市、東京、p.807、1995年

青梅市 住吉神社

- 荒川千尋・板東寛司、招き猫博覧会、白石書店、東京、p.63、2001年

1976年
- 武田静澄、日本伝説の旅(上)、社会思想研究会出版部、東京、p.182-183、1962年
- 長沢利明、江戸東京の庶民信仰、三弥井書店、東京、p.153-164、1996年
- 荒川千尋、招き猫百科、インプレス、東京、p.50、2015年
- 荒川千尋・板東寛司、招き猫博覧会、白石書店、東京、p.50-51、2001年
- 稲田浩二・小澤俊夫、日本昔話通観第9巻、同朋舎出版、京都、p.173-175、1988年
- 乾克己 他、日本伝奇伝説大辞典、角川書店、東京、p.694-695、1986年
- 吉本昭治、日本の神話・伝説を歩く、勉誠出版、東京、p.332-335、2014年
- 小島瓔禮、武相昔話集、岩崎美術社、東京　p.32、1981年
- やまひこ社、東京ご利益案内我が町発見3、リブロポート、東京、p.137-140、1987年
- 早川光、東京のえんぎもの、求龍堂、東京、p.52、1999年
- 豪徳寺、招福猫児の由来、寺配布物
- 平岩米吉、猫の歴史と奇話、築地書館、東京、p.78-80、1992年
- 小松悦二、東京府荏原郡誌、東海新聞社出版部、東京、p.297-298、1924年
- 石井正義、甲州街道の今昔、多摩郷土史研究會、東京、p.63-64、1932年
- 桜井正信、和尚さんの猫が殿を招く(世田谷区議会事務局 世田谷区議会だよりNo.51)、東京、p.4、1976年

府中市 浅間山

- 小川武洋、怪談百物語第四十五席 空中の猫、神戸新聞、明治34年(1901年)10月23日第7面
- 湯本豪一、図説 江戸東京怪異百物語、河出書房新社、東京、p.101、2007年

立川市 蚕影神社

- 阿豆佐味天神社配布資料
- 山下洋輔、芸術新潮、新潮社、東京、p.169、1987年
- 高木賢、日本の蚕糸のものがたり、大成出版社、東京、p.6-17/41-43、2014年

八王子市 喜福寺

- 清水成夫、八王子周辺の民話郷土資料シリーズ4、東京都立八王子図書館、東京、p.12、1968年

- 森脇太一、松川・国分・都野津・雲城の昔話と民話集、森脇太一、島根、p.17-18、1954年
- Nonaka N, Hirokawa H, Inoue, T, et al. The first instance of a cat excreting *Echinococcus multilocularis* eggs in Japan. Parasitology International 57 (4) :519-520, 2008.
- 孝口裕一・八木欣平、北海道の多包条虫に対するネコの感受性及び市販スポットオン駆虫薬（エモデプシド・プラジクアンテル製剤）の駆虫効果の検討、北海道立衛生研究所報 第64集、p.97-99、2014年

大田区 自性院

- 社会教育部社会教育課文化財係、口承文芸（昔話・世間話・伝説）、東京都大田区教育委員会、東京、p.126、1986年
- 稲田浩二・小澤俊夫、日本昔話通観第９巻、同朋舎出版、京都、p.45-52、1988年
- 梅田磯吉、音楽早まなび、早矢仕民治、東京、p.43-44、1888年
- 蘆田伊人、新編武蔵風土記稿第二巻、雄山閣、東京、p.246、1996年
- 大田区教育委員会、大田区の寺院、大田区教育委員会、東京、p.168-170、1972年

大田区 宝幢院

- 社会教育部社会教育課文化財係、口承文芸（昔話・世間話・伝説）、東京都大田区教育委員会、東京、p.128、1986年
- 稲田浩二・小澤俊夫、日本昔話通観第９巻、同朋舎出版、京都、p.173-175、1988年
- 大田区教育委員会、大田区の寺院、大田区教育委員会、東京、p.185-188、1972年
- 蘆田伊人、新編武蔵風土記稿第二巻、雄山閣、東京、p.266-267、1996年

世田谷区 豪徳寺

- 東京都世田谷区、世田谷区資料第一集、東京都世田谷区、東京、p.49/337-339、1958年
- 東京都世田谷区、新修世田谷区史上巻、東京都世田谷区、東京、p.342-346/1396-1397、1962年
- 樋口清之、東京の歴史、彌生書房、東京、p.74-77、1961年
- 佐藤敏夫、世田谷の詩歌・歌謡・伝説、佐藤敏夫、東京、p.56-59/64/72、

港区 有馬家上屋敷跡

- 平岩米吉、猫の歴史と奇話、築地書館、東京、p.128-129、1992年
- 日野巌、動物妖怪譚、有明書房、東京、p.405-419、1979年
- 乾克己 他、日本伝奇伝説大辞典、角川書店、東京、p.694、1986年
- 坪内逍遥・渥美清太郎、歌舞伎脚本傑作集 第６巻、春陽堂、東京、1922年（四世鶴屋南北、独道中五十三駅、1827年 収録）
- 瀬川如皐（３世）、花野嵯峨猫魔稿、1853年
- 河竹黙阿弥、黙阿弥全集第24巻、春陽堂、東京、p.1-327、1926年（有松染相模浴衣［有馬猫騒動］）
- 桃川如燕、百猫伝、1885年
- 大田南畝、蜀山人全集（半日閑話収録）第３巻、吉川弘文館、東京、p.241、1907-1908年
- 鈴木棠三、日本俗信辞典、角川書店、東京、p.458、1982年
- 港区教員区委員会事務局図書・文化財文化財係　港区埋蔵文化財調査年報７、港区教育委員会、東京、p.35-46、2010年

中央区 三光稲荷神社

- 宮尾しげを、東京名所図会 第３ 日本橋区之部、睦書房、東京、p.85-86、1968年
- 東京市日本橋区、日本橋区史４、飯塚書房、東京、p.13、1983年
- 三光稲荷神社 御由緒
- 氏家幹人、江戸の怪奇譚、講談社、東京、p.102、2005年
- 野村純一、江戸東京の噂話、大修館書店、東京、p.173-174、2005年
- 日本橋二之部町会連合会、日本橋二之部町会史、日本橋二之部町会連合会、東京、p.183-186、1966年
- 景山致恭・戸松昌訓・井山能知、江戸切絵図 日本橋北内神田両国浜町明細絵図、尾張屋清七、p. １、1849-1862年

品川区 徳蔵寺

- 田中瑩一、伝承怪奇譚、三弥井書店、東京、p.121-128、2010年
- 根岸鎮衛、耳袋１、平凡社、東京、p.163-164 /321-322、2000年
- 鈴木棠三、日本俗信辞典、角川書店、東京、p.447、1982年
- 野村純一、江戸東京の噂話、大修館書店、東京、p.173-175、2005年
- 市島謙吉、燕石十種第三巻、国書刊行会、東京、p.170-171、1908年

●溝口竹亭、をだまき目網上、横田耕價堂、1789年（早稲田大学中央図書館所蔵）
●月岡芳年、古今比売鑑 薄雲
●浜田義一郎、江戸切絵図Ⅱ、東京堂出版、東京、p.121、1975年
新宿区 自性院
●坂本恒芋、自性院のあれこれ、自性院、東京、p.3/7-15/19-20/21-28、2008年
●葛城明彦、決戦―豊島一族と太田道灌の戦い、風早書林、埼玉、p.53-69、2008年
新宿区 漱石公園
●NPO法人漱石山房ホームページ（http://www.souseki-sanbou.net/）
新宿区 ねこや
●東京市商工課、最近東京市商工名鑑、地涌学会出版部、東京、p.285-289、1924年
中野区 源通寺
●河竹繁俊、河竹黙阿弥、吉川弘文館、東京、p.348-349/363-367、1987年
●台東区教育委員会文化事業体育課、浄土真宗東派明細簿明治十一年、台東区教育委員会、東京、p.25-26、1996年
練馬区 サンツ中村橋商店街
●サンツ中村橋商店街ホームページ（http://nyanpy.com/）
港区 美喜井稲荷神社
●譜久山朝憲、キャットライフ１巻２号、ペットライフ社、東京、p.18-19、1972年
港区 大信寺
●中村孝之、三味線寺の由来、浄土宗宝嶋山常行院大信寺、p.3-4、1997年
港区 増上寺
●飯沼一元、白虎隊士飯沼定吉の回生 第二版、ブイツーソリューション、愛知、p.166、2013年
●日本随筆大成編輯部、日本随筆大成（第二期）５、吉川弘文館、東京、p.433、1974年
●湯本豪一、図説 東京江戸怪異百物語、河出書房新社、東京、p.49、2007年

台東区 永久寺

- 平岩米吉、猫の歴史と奇話、築地書館、東京、p.103-111、1992年
- 平塚良宣、仮名垣魯文、講談社出版サービスセンター、東京、1979年
- 八岩まどか、猫神様の散歩道、青弓社、東京、p.79-80、2005年
- 伊藤長胤、東涯先生輶軒小録（伊藤東涯「輶軒小録」、1769年を収録）
- 松岡布政、「伯耆民談記」巻之二、横山敬二郎書店、鳥取、p.13-14、1927年

台東区 天王寺

- 景山致恭・戸松昌訓・井山能知、江戸切絵図 根岸谷中辺絵図、尾張屋清七、p.1、1849-1862年
- 瓦版「猫の怪」（早稲田大学演劇博物館所蔵）
- 湯本豪一、図説 江戸東京怪異百物語、河出書房新社、東京、p.32、2007年

文京区 簸川神社

- 佐藤隆三、江戸傳説、坂本書店出版部、東京、p.57-62、1926年
- 巖谷小波、「説話」大百科事典 第7巻 第2刷、名著普及会、東京、p.400-401、1984年

文京区 猫貍橋・猫貍坂

- 小池章太郎、江戸砂子、東京堂出版、東京都、p.418、1976年
- 石川英輔・田中優子、原寸復刻 江戸名所図会 中巻、評論社、東京、p.739-744、1996年
- 佐藤隆三、江戸傳説、坂本書店出版部、東京、p.57-62、1926年

豊島区 西方寺

- 野村純一、江戸東京の噂話、大修館書店、東京、p.177-179、2005年
- 荒川千尋、招き猫百科、インプレス、東京、p.54、2015年
- 荒川千尋・板東寛司、招き猫博覧会、白石書店、東京、p.63、2001年
- 葦原駿守中、青楼奇事烟花清談、1776年
- 高木元・及川季江、『烟花清談』—解題と翻刻—、千葉大学人文社会科学研究18、p.13-50、2009年
- 馬場文耕、近世江戸著聞集 巻5、1757年
- 横山泰子・早川由美・門脇大・今井秀和・飯倉義之・鷲羽大介・朴ユ卿・広坂朋信、猫の怪、白澤社、東京、p.118-143、2017年

参考文献

墨田区 回向院

- 回向院（パンフレット）
- 日本随筆大成編集部、日本随筆大成第一期16、吉川弘文館、東京、p.313、1976年
- 乾克己 他、日本伝奇伝説大辞典、角川書店、東京、p.697、1986年
- 岩本佐七、燕石十種第三巻、国書刊行会、東京、p.171、1908年
- 宮崎良子、招き猫の文化史、青弓社、東京、p.85-88、1988年
- 湯本豪一、図説 江戸東京怪異百物語、河出書房新社、東京、p.20、2007年

墨田区 法恩寺

- 巌谷小波、「説話」大百科事典第７巻、名著普及会、東京、p.399、1984年
- 日本随筆大成編集部、日本随筆大成第二期５、吉川弘文館、東京、p.353、1976年（新著聞集）
- 朝倉治彦、江戸方角安見図鑑、東京堂出版、東京、p.76、1975年
- 石川英輔・田中優子、原寸復刻 江戸名所図会 下巻、評論社、東京、p.552、1996年

台東区 今戸神社

- 木村吉隆、江戸の縁起物、亜紀書房、東京、p.12/14/87、2011年
- 荒川千尋・板東寛司、招き猫博覧会、白石書店、東京、p.30-31/50-51/54-55、2001年
- 荒川千尋、招き猫百科、インプレス、東京、p.52/73-77、2015年
- 日野巌、動物妖怪譚、有明書房、東京、p.415-416、1979年
- 吉本昭治、日本の神話・伝説を歩く、勉誠出版、東京、p.328-339、2014年
- 早川光、東京のえんぎもの、求龍堂、東京、p.21、1999年
- 鈴木棠三・小池章太郎、近世庶民生活資料 藤岡屋日記第５巻、三一書房、東京、p.65-66、1989年
- 斎藤月岑・金子光晴、増訂武江年表２、平凡社、東京、p.129-130、2001年

著者

岩﨑永治（いわざき えいじ）

1983年群馬県生まれ、愛猫のスゥ＆マイルと暮らす猫好き。博士（獣医学）、国立科学博物館認定サイエンスコミュニケーター。日本ペットフード株式会社ヘルシーフードサイエンス研究所および事業開発部所属、日本獣医生命科学大学（日獣大）獣医生化学研究室特別研究生。専門は特に猫の栄養学。日獣大大学院獣医生命科学研究科動物栄養科学専攻修了。日本ペットフードに就職後、イリノイ大学アニマルサイエンス学科への２度にわたる留学、日獣大大学院研究生を経て博士号を取得し、晴れて「猫博士」となる。その記念旅行を企画した際、日本各地に猫伝承が残っていることを知り、調べはじめたのが本書の原点。「かわいいだけじゃない猫」を伝えることを信条に掲げ、日本猫のルーツを探求している。「和猫研究所」を立ち上げ、各地の猫にまつわる情報を発信している。
Twitter 和猫研究所（@Jpn_Cat_Lab）
E-mail：wanekolab@gmail.com

愛猫のスゥとマイル

和猫のあしあと　東京の猫伝説をたどる

2020年10月20日　第1刷発行

著　者……岩崎永治
発行者……森田　猛
発行所……株式会社 緑書房
〒103-0004
東京都中央区東日本橋3丁目4番14号
TEL　03-6833-0560
http://www.pet-honpo.com

編　集……池田俊之、川西　諒
デザイン……ACQUA
印刷所……廣済堂

ISBN 978-4-89531-573-9　Printed in Japan